प्रेरणादायक कहानियां COLOR

विवेक कुमार पांडे शंभुनाथ

ISBN 979-888569151-2

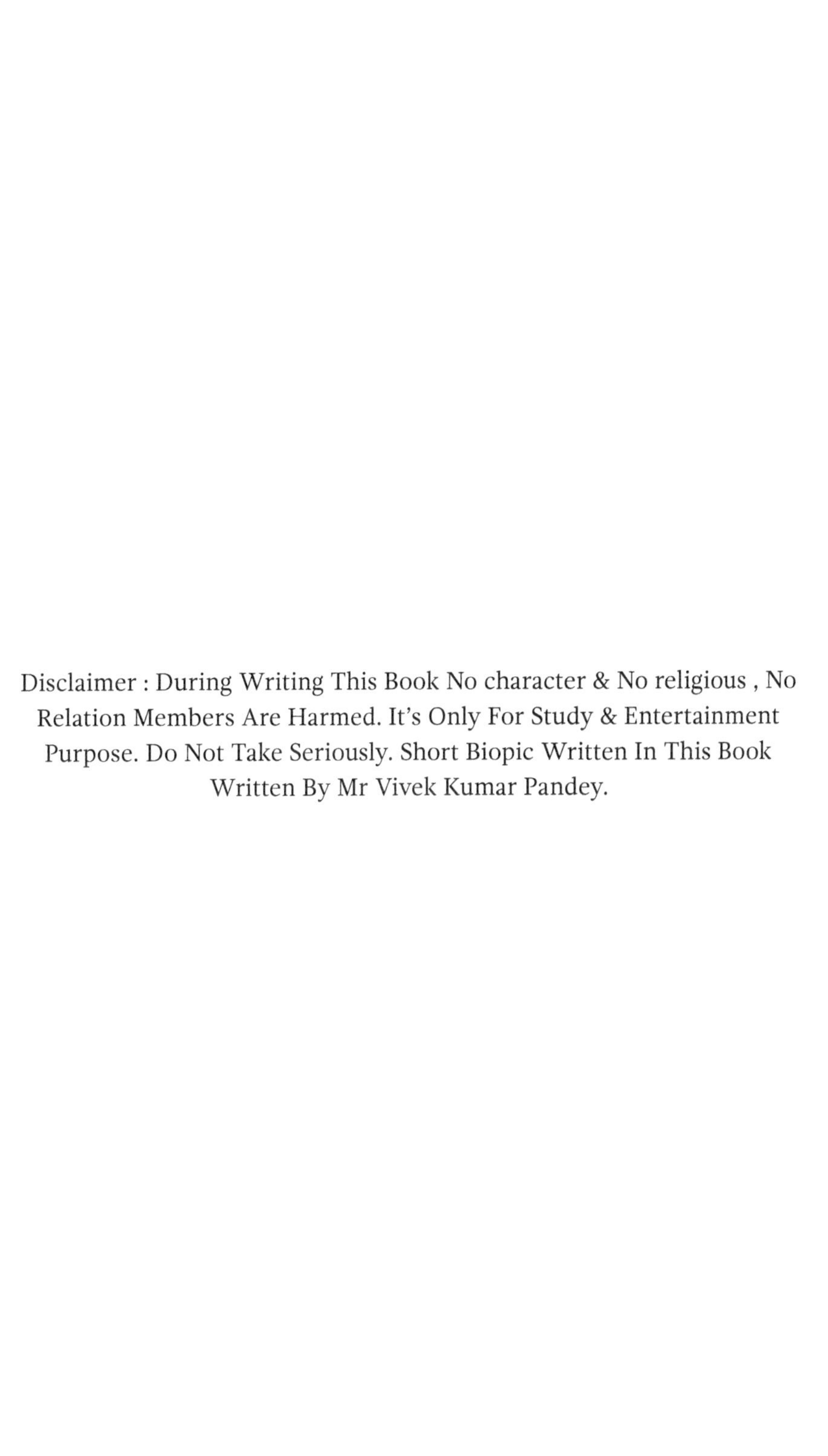

क्रम-सूची

क्रम-सूची

प्रस्तावना

इस किताब में प्रेरणादायक कहानियां है जो आप सभी की बदल सकता है ज़िंदगी. आपको हर वो मुश्किल पड़ाव से प्रेरणा मिलेगा.इस किताब को लिखने के दौरान कोई भी धर्म और कोई भी व्यक्ति को नुक्सान नहीं पहुंचाया गया है ओर इस किताब को लिखा है श्री विवेक कुमार पांडे शंभुनाथ जी ने.। उन्होंने 12 साल की उम्र में 250+ से ज्यादा किताबें लिखकर इतिहास रच दिया. उनको Youngest Writer Award से भी सम्मानित किया गया.

This book fully colour Edition.

भूमिका

Author biography in English :MY NAME IS VIVEK KUMAR PANDEY . I WAS BORN IN 30 SEP 2002,I AM FROM SURAT GUJARAT INDIA.MY DREAM WAS TO BE GOOD WRITERS ,MY FAMILY SUPPORTED ME TO SUCCESSFUL AND I CAN DO IT MY SELF.How do I write? That is a question, I believe, that can be honestly answered by me."CELEBRATING YOUNGEST WRITER AWARD WINNER IN GUJARAT 1ST RANK" MR PANDEY JI . I may think I did a good job writing something . The reader is the one who decides the quality of my writing. I do find writing to be natural to me and therefore find it to be a real challenge. My trick as a challenged writer is to do the best I can and know that I am happy with the final outcome. It may take a while to do my best and there may be quite a few problems I run into along the way.

I am not a greedy person those who are thinking about me and my self I never tried it anyone people suffering from sadness ,I trying to get promoted people suffering from happiness and joy in your Life Time. Now in current situation in India and also world people are unemployed and have no many but our indian governor help to people to get free food from ration card , i also take part in leadership team ,i am Motivational speaker , Film script writer. There was my two dream firstly writer and secondly actor & also my own film is upcoming soon i done almost completely completed script for my film .I AM GOING TO SAY WORD OF HEART TOUCH OUT PLEASE READ IT" , firstly i thanks my father he supports me in this field they always getting inspired me by own his words and behavior ,they always said that he was a biggest person in the world in future and also they purchase fruit and chocolate for me in anytime & anyway , firstly my father buy him then call me Vivek you want a chocolate i will say yes papa but how many tell me ,papa: you tell me how much i buy him i told 1 or 2 chocolate but my father purchase whole the boxes of chocolate and they get suprised me. MY FATHER WAS BORN IN " 20 SEPTEMBER" 1971 IN INDIA.

1) MY FATHER FAVORITE CLOTHES IS KURTA PAIJMA AND ALSO STYLES SHOE

2) FAVORITE SINGER IS KISHORE DA

3) FAVORITE STATE GUJARAT AND KOLKATA , HIS VILLAGE IN BIHAR

4) FAVORITE COLOR BLACK AND WHITE

THEY ALSO LOVE cricket like IPL and one day t-20 .they also like watching a News daily and heard the song daily ,they also interested in tik tok video but in current time tik tok is banned in india but also few videos are in you tube. In lockdown time my family and me very enjoy day daily. my father play daily ludo with his sister and son, daughter.they always loved tea and coffee anytime call me "। विवेक थोड़ा चाय बनाओना विवेक तुम्हारे हाथ का चाय अच्छा लगता है". I make it tea for my father but some reason after the April to june they are suffering from fever and cough , weakness on 6 June 2020 my father death. they not told me say bye bye his life. After death of 6 June on 10 june my mom and dad anniversary.but my father is Best in the world they can do anything for me please take care of father and respect it of your parents.

1

पाठ 1 बोले हुए शब्द वापस नहीं आते - प्रेरणादायक कहानियां

पाठ 1 बोले हुए शब्द वापस नहीं आते - प्रेरणादायक कहानियां

एक बार एक किसान ने अपने पडोसी को भला बुरा कह दिया, पर जब बाद में उसे अपनी गलती का एहसास हुआ तो वह एक संत के पास गया.उसने संत से अपने शब्द वापस लेने का उपाय पूछा.

संत ने किसान से कहा , " तुम खूब सारे पंख इकठ्ठा कर लो , और उन्हें शहर के बीचो-बीच जाकर रख दो ." किसान ने ऐसा ही किया और फिर संत के पास पहुंच गया.

तब संत ने कहा , " अब जाओ और उन पंखों को इकठ्ठा कर के वापस ले आओ"

किसान वापस गया पर तब तक सारे पंख हवा से इधर-उधर उड़ चुके थे. और किसान खाली हाथ संत के पास पहुंचा. तब संत ने उससे कहा कि ठीक ऐसा ही तुम्हारे द्वारा कहे गए शब्दों के साथ होता है,तुम आसानी से इन्हें अपने मुख से निकाल तो सकते हो पर चाह कर भी वापस नहीं ले सकते.

2

पाठ :2 सफलता का रहस्य - प्रेरणादायक कहानियां

- पाठ :2 सफलता का रहस्य - प्रेरणादायक कहानियां

एक बार एक नौजवान लड़के ने सुकरात से पूछा कि सफलता का रहस्य क्या है?

सुकरात ने उस लड़के से कहा कि तुम कल मुझे नदी के किनारे मिलो.वो मिले. फिर सुकरात ने नौजवान से उनके साथ नदी की तरफ बढ़ने को कहा.और जब आगे बढ़ते-बढ़ते पानी गले तक पहुँच गया, तभी अचानक सुकरात ने उस लड़के का सर पकड़ के पानी में डुबो दिया. लड़का बाहर निकलने के लिए संघर्ष करने लगा , लेकिन सुकरात ताकतवर थे और उसे तब तक डुबोये रखे जब तक की वो नीला नहीं पड़ने लगा. फिर सुकरात ने उसका सर पानी से बाहर निकाल दिया और बाहर निकलते ही जो चीज उस लड़के ने सबसे पहले की वो थी हाँफते-हाँफते तेजी से सांस लेना.

सुकरात ने पूछा ," जब तुम वहाँ थे तो तुम सबसे ज्यादा क्या चाहते थे?"

लड़के ने उत्तर दिया,"सांस लेना"

सुकरात ने कहा," यही सफलता का रहस्य है. जब तुम सफलता को उतनी ही बुरी तरह से चाहोगे जितना की तुम सांस लेना चाहते थे तो वो तुम्हे मिल जाएगी" इसके आलावा और कोई रहस्य नहीं है.

3

पाठ : 3 गुरु-दक्षिणा - प्रेरणादायक कहानियां

- पाठ : 3 गुरु-दक्षिणा - प्रेरणादायक कहानियां

एक बार एक शिष्य ने विनम्रतापूर्वक अपने गुरु जी से पूछा-'गुरु जी,कुछ लोग कहते हैं कि जीवन एक संघर्ष है,कुछ अन्य कहते हैं कि जीवन एक खेल है और कुछ जीवन को एक उत्सव की संज्ञा देते हैं | इनमें कौन सही है?'गुरु जी ने तत्काल बड़े ही धैर्यपूर्वक उत्तर दिया-'पुत्र,जिन्हें गुरु नहीं मिला उनके लिए जीवन एक संघर्ष है; जिन्हें गुरु मिल गया उनका जीवन एक खेल है और जो लोग गुरु द्वारा बताये गए मार्ग पर चलने लगते हैं,मात्र वे ही जीवन को एक उत्सव का नाम देने का साहस जुटा पाते हैं |'यह उत्तर सुनने के बाद भी शिष्य पूरी तरह से संतुष्ट न था| गुरु जी को इसका आभास हो गया |वे कहने लगे-'लो,तुम्हें इसी सन्दर्भ में एक कहानी सुनाता हूँ| ध्यान से सुनोगे तो स्वयं ही अपने प्रश्न का उत्तर पा सकोगे |'

उन्होंने जो कहानी सुनाई,वह इस प्रकार थी-एक बार की बात है कि किसी गुरुकुल में तीन शिष्यों ने अपना अध्ययन सम्पूर्ण करने पर अपने गुरु जी से यह बताने के लिए विनती की कि उन्हें गुरुदक्षिणा में, उनसे क्या चाहिए |गुरु जी पहले तो मंद-मंद मुस्कराये और फिर बड़े स्नेहपूर्वक कहने लगे-'मुझे तुमसे गुरुदक्षिणा में एक थैला भर के सूखी पत्तियां चाहिए,ला सकोगे?' वे तीनों मन ही मन बहुत प्रसन्न हुए क्योंकि उन्हें लगा कि वे बड़ी आसानी से अपने गुरु जी की इच्छा पूरी कर सकेंगे |सूखी पत्तियाँ तो जंगल में सर्वत्र बिखरी ही रहती हैं| वे उत्साहपूर्वक एक ही स्वर में बोले-'जी गुरु जी, जैसी आपकी आज्ञा |'

अब वे तीनों शिष्य चलते-चलते एक समीपस्थ जंगल में पहुँच चुके थे |लेकिन यह देखकर कि वहाँ पर तो सूखी पत्तियाँ केवल एक मुट्ठी भर ही थीं ,उनके आश्चर्य का ठिकाना न रहा | वे सोच में पड़ गये कि आखिर जंगल से कौन सूखी पत्तियां उठा कर ले गया होगा?

इतने में ही उन्हें दूर से आता हुआ कोई किसान दिखाई दिया |वे उसके पास पहुँच कर, उससे विनम्रतापूर्वक याचना करने लगे कि वह उन्हें केवल एक थैला भर सूखी पत्तियां दे दे |

अब उस किसान ने उनसे क्षमायाचना करते हुए, उन्हें यह बताया कि वह उनकी मदद नहीं कर सकता क्योंकि उसने सूखी पत्तियों का ईंधन के रूप में पहले ही उपयोग कर लिया था | अब, वे तीनों, पास में ही बसे एक गाँव की ओर इस आशा से बढ़ने लगे थे कि हो सकता है वहाँ उस गाँव में उनकी कोई सहायता कर सके |वहाँ पहुँच कर उन्होंने जब एक व्यापारी को देखा तो बड़ी उम्मीद से उससे एक थैला भर सूखी पत्तियां देने के लिए प्रार्थना करने लगे लेकिन उन्हें फिर से एकबार निराशा ही हाथ आई क्योंकि उस व्यापारी ने तो, पहले ही, कुछ पैसे कमाने के लिए सूखी पत्तियों के दोने बनाकर बेच दिए थे लेकिन उस व्यापारी ने उदारता दिखाते हुए उन्हें एक बूढी माँ का पता बताया जो सूखी पत्तियां एकत्रित किया करती थी|

पर भाग्य ने यहाँ पर भी उनका साथ नहीं दिया क्योंकि वह बूढी माँ तो उन पत्तियों को अलग-अलग करके कई प्रकार की ओषधियाँ बनाया करती थी |अब निराश होकर वे तीनों खाली हाथ ही गुरुकुल लौट गये |गुरु जी ने उन्हें देखते ही स्नेहपूर्वक पूछा- 'पुत्रो,ले आये गुरुदक्षिणा ?'तीनों ने सर झुका लिया |

गुरु जी द्वारा दोबारा पूछे जाने पर उनमें से एक शिष्य कहने लगा- 'गुरुदेव,हम आपकी इच्छा पूरी नहीं कर पाये |हमने सोचा था कि सूखी पत्तियां तो जंगल में सर्वत्र बिखरी ही रहती होंगी लेकिन बड़े ही आश्चर्य की बात है कि लोग उनका भी कितनी तरह से उपयोग करते हैं |'गुरु जी फिर पहले ही की तरह मुस्कराते हुए प्रेमपूर्वक बोले-'निराश क्यों होते हो ?प्रसन्न हो जाओ और यही ज्ञान कि सूखी पत्तियां भी व्यर्थ नहीं हुआ करतीं बल्कि उनके भी अनेक उपयोग हुआ करते हैं; मुझे गुरुदक्षिणा के रूप में दे दो |'तीनों शिष्य गुरु जी को प्रणाम करके खुशी-खुशी अपने-अपने घर की ओर चले गये |

वह शिष्य जो गुरु जी की कहानी एकाग्रचित्त हो कर सुन रहा था,अचानक बड़े उत्साह से बोला-'गुरु जी,अब मुझे अच्छी तरह से ज्ञात हो गया है कि आप क्या कहना चाहते हैं |आप का संकेत, वस्तुतः इसी ओर है न कि जब सर्वत्र सुलभ सूखी पत्तियां भी निरर्थक या बेकार नहीं होती हैं तो फिर हम कैसे, किसी भी वस्तु या व्यक्ति को छोटा और महत्वहीन मान कर उसका तिरस्कार कर सकते हैं?चींटी से लेकर हाथी तक और सुई से लेकर तलवार तक-सभी का अपना-अपना महत्व होता है |

'गुरु जी भी तुरंत ही बोले-'हाँ, पुत्र,मेरे कहने का भी यही तात्पर्य है कि हम जब भी किसी से मिलें तो उसे यथायोग्य मान देने का भरसक प्रयास करें ताकि आपस में स्नेह, सद्भावना,सहानुभूति एवं सहिष्णुता का विस्तार होता रहे और हमारा जीवन संघर्ष के बजाय उत्सव बन सके | दूसरे,यदि जीवन को एक खेल ही माना जाए तो बेहतर यही होगा कि हम निर्विक्षेप,स्वस्थ एवं शांत प्रतियोगिता में ही भाग लें और अपने निष्पादन तथा निर्माण को ऊंचाई के शिखर पर ले जाने का अथक प्रयास करें |'अब शिष्य पूरी तरह से संतुष्ट था |

अंततः,मैं यही कहना चाहती हूँ कि यदि हम मन, वचन और कर्म- इन तीनों ही स्तरों पर इस कहानी का मूल्यांकन करें, तो भी यह कहानी खरी ही उतरेगी |सब के प्रति पूर्वाग्रह से मुक्त मन वाला व्यक्ति अपने वचनों से कभी भी किसी को आहत करने का दुःसाहस नहीं करता और उसकी यही ऊर्जा उसके पुरुषार्थ के मार्ग की समस्त बाधाओं को हर लेती है |वस्तुतः,हमारे जीवन का सबसे बड़ा 'उत्सव' पुरुषार्थ ही होता है-ऐसा विद्वानों का मत है |

4

पाठ : 4 आप हाथी नहीं इंसान हैं ! - प्रेरणादायक कहानियां

• पाठ : 4 आप हाथी नहीं इंसान हैं ! - प्रेरणादायक कहानियां

एक आदमी कहीं से गुजर रहा था, तभी उसने सड़क के किनारे बंधे हाथियों को देखा, और अचानक रुक गया. उसने देखा कि हाथियों के अगले पैर में एक रस्सी बंधी हुई है, उसे इस बात का बड़ा अचरज हुआ की हाथी जैसे विशालकाय जीव लोहे की जंजीरों की जगह बस एक छोटी सी रस्सी से बंधे हुए हैं!!! ये स्पष्ठ था कि हाथी जब चाहते तब अपने बंधन तोड़ कर कहीं भी जा सकते थे, पर किसी वजह से वो ऐसा नहीं कर रहे थे.

उसने पास खड़े महावत से पूछा कि भला ये हाथी किस प्रकार इतनी शांति से खड़े हैं और भागने का प्रयास नही कर रहे हैं ?

तब महावत ने कहा, " इन हाथियों को छोटे पर से ही इन रस्सियों से बाँधा जाता है, उस समय इनके पास इतनी शक्ति नहीं होती की इस बंधन को तोड़ सकें. बार-बार प्रयास करने पर भी रस्सी ना तोड़ पाने के कारण उन्हें धीरे-धीरे यकीन होता जाता है कि वो इन रस्सियों को नहीं तोड़ सकते,और बड़े होने पर भी उनका ये यकीन बना रहता है, इसलिए वो कभी इसे तोड़ने का प्रयास ही नहीं करते."

आदमी आश्चर्य में पड़ गया कि ये ताकतवर जानवर सिर्फ इसलिए अपना बंधन नहीं तोड़ सकते क्योंकि वो इस बात में यकीन करते हैं!!

इन हाथियों की तरह ही हममें से कितने लोग सिर्फ पहले मिली असफलता के कारण ये मान बैठते हैं कि अब हमसे ये काम हो ही नहीं सकता और अपनी ही बनायीं हुई मानसिक जंजीरों में जकड़े-जकड़े पूरा जीवन गुजार देते हैं.

5

पाठ : 5 अंधा घोड़ा - प्रेरणादायक कहानियां

- पाठ : 5 अंधा घोड़ा - प्रेरणादायक कहानियां

शहर के नज़दीक बने एक फार्म हाउस में दो घोड़े रहते थे. दूर से देखने पर वो दोनों बिलकुल एक जैसे दीखते थे , पर पास जाने पर पता चलता था कि उनमे से एक घोड़ा अँधा है. पर अंधे होने के बावजूद farm के मालिक ने उसे वहां से निकाला नहीं था बल्कि उसे और भी अधिक सुरक्षा और आराम के साथ रखा था. अगर कोई थोडा और ध्यान देता तो उसे ये भी पता चलता कि मालिक ने दूसरे घोड़े के गले में एक घंटी बाँध रखी थी, जिसकी आवाज़ सुनकर अँधा घोड़ा उसके पास पहुंच जाता और उसके पीछे-पीछे बाड़े में घूमता. घंटी वाला घोड़ा भी अपने अंधे मित्र की परेशानी समझता, वह बीच-बीच में पीछे मुड़कर देखता और इस बात को सुनिश्चित करता कि कहीं वो रास्ते से भटक ना जाए. वह ये भी सुनिश्चित करता कि उसका मित्र सुरक्षित; वापस अपने स्थान पर पहुच जाए, और उसके बाद ही वो अपनी जगह की ओर बढ़ता.

दोस्तों, बाड़े के मालिक की तरह ही भगवान हमें बस इसलिए नहीं छोड़ देते कि हमारे अन्दर कोई दोष या कमियां हैं. वो हमारा ख्याल रखते हैं और हमें जब भी ज़रुरत होती है तो किसी ना किसी को हमारी मदद के लिए भेज देते हैं. कभी-कभी हम वो अंधे घोड़े होते हैं, जो भगवान द्वारा बांधी गयी घंटी की मदद से अपनी परेशानियों से पार पाते हैं तो कभी हम अपने गले में बंधी घंटी द्वारा दूसरों को रास्ता दिखाने के काम आते हैं.

6

पाठ : 6 सबसे कीमती चीज - प्रेरणादायक कहानियां

- पाठ : 6 सबसे कीमती चीज - प्रेरणादायक कहानियां

एक जाने-माने स्पीकर ने हाथ में पांच सौ का नोट लहराते हुए अपनी सेमीनार शुरू की. हाल में बैठे सैकड़ों लोगों से उसने पूछा ," ये पांच सौ का नोट कौन लेना चाहता है?" हाथ उठना शुरू हो गए.

फिर उसने कहा ," मैं इस नोट को आपमें से किसी एक को दूंगा पर उससे पहले मुझे ये कर लेने दीजिये ." और उसने नोट को अपनी मुट्ठी में चिमोड़ना शुरू कर दिया. और फिर उसने पूछा," कौन है जो अब भी यह नोट लेना चाहता है?" अभी भी लोगों के हाथ उठने शुरू हो गए.

"अच्छा" उसने कहा," अगर मैं ये कर दूं ? " और उसने नोट को नीचे गिराकर पैरों से कुचलना शुरू कर दिया. उसने नोट उठाई , वह बिल्कुल चिमुड़ी और गन्दी हो गयी थी.

" क्या अभी भी कोई है जो इसे लेना चाहता है?". और एक बार फिर हाथ उठने शुरू हो गए.

" दोस्तों , आप लोगों ने आज एक बहुत महत्त्वपूर्ण पाठ सीखा है. मैंने इस नोट के साथ इतना कुछ किया पर फिर भी आप इसे लेना चाहते थे क्योंकि ये सब होने के बावजूद नोट की कीमत घटी नहीं,उसका मूल्य अभी भी 500 था.

जीवन में कई बार हम गिरते हैं, हारते हैं, हमारे लिए हुए निर्णय हमें मिटटी में मिला देते हैं. हमें ऐसा लगने लगता है कि हमारी कोई कीमत नहीं है. लेकिन आपके साथ चाहे जो हुआ हो या भविष्य में जो हो जाए , आपका मूल्य कम नहीं होता. आप स्पेशल हैं, इस बात को

कभी मत भूलिए.

कभी भी बीते हुए कल की निराशा को आने वाले कल के सपनो को बर्बाद मत करने दीजिये. याद रखिये आपके पास जो सबसे कीमती चीज है, वो है आपका जीवन."

7

पाठ : 7 लकड़ी का कटोरा - प्रेरणादायक कहानियां

- पाठ : 7 लकड़ी का कटोरा - प्रेरणादायक कहानियां

एक वृद्ध व्यक्ति अपने बहु – बेटे के यहाँ शहर रहने गया . उम्र के इस पड़ाव पर वह अत्यंत कमजोर हो चुका था , उसके हाथ कांपते थे और दिखाई भी कम देता था . वो एक छोटे से घर में रहते थे , पूरा परिवार और उसका चार वर्षीया पोता एक साथ डिनर टेबल पर खाना खाते थे . लेकिन वृद्ध होने के कारण उस व्यक्ति को खाने में बड़ी दिक्कत होती थी . कभी मटर के दाने उसकी चम्मच से निकल कर फर्श पे बिखर जाते तो कभी हाँथ से दूध छलक कर मेजपोश पर गिर जाता .

बहु -बेटे एक -दो दिन ये सब सहन करते रहे पर अब उन्हें अपने पिता की इस काम से चिढ़ होने लगी . " हमें इनका कुछ करना पड़ेगा ", लड़के ने कहा . बहु ने भी हाँ में हाँ मिलाई और बोली ," आखिर कब तक हम इनकी वजह से अपने खाने का मजा किरकिरा रहेंगे , और हम इस तरह चीजों का नुक्सान होते हुए भी नहीं देख सकते ."

अगले दिन जब खाने का वक्त हुआ तो बेटे ने एक पुरानी मेज को कमरे के कोने में लगा दिया , अब बूढ़े पिता को वहीं अकेले बैठ कर अपना भोजन करना था . यहाँ तक की उनके खाने के बर्तनों की जगह एक लकड़ी का कटोरा दे दिया गया था , ताकि अब और बर्तन ना टूट -फूट सकें . बाकी लोग पहले की तरह ही आराम से बैठ कर खाते और जब कभी -कभार उस बुजुर्ग की तरफ देखते तो उनकी आँखों में आंसू दिखाई देते . यह देखकर भी बहु-बेटे का मन नहीं पिघलता ,वो उनकी छोटी से छोटी गलती पर ढेरों बातें सुना देते . वहां बैठा बालक भी यह सब बड़े ध्यान से देखता रहता , और अपने में मस्त रहता .

एक रात खाने से पहले , उस छोटे बालक को उसके माता -पिता ने ज़मीन पर बैठ कर कुछ करते हुए देखा , "तुम क्या बना रहे हो ?" पिता ने पूछा ,

बच्चे ने मासूमियत के साथ उत्तर दिया , " अरे मैं तो आप लोगों के लिए एक लकड़ी का कटोरा बना रहा हूँ , ताकि जब मैं बड़ा हो जाऊं तो आप लोग इसमें खा सकें ." ,और वह पुनः अपने काम में लग गया . पर इस बात का उसके माता -पिता पर बहुत गहरा असर हुआ ,उनके मुंह से एक भी शब्द नहीं निकला और आँखों से आंसू बहने लगे . वो दोनों बिना बोले ही समझ चुके थे कि अब उन्हें क्या करना है . उस रात वो अपने बूढ़े पिता को वापस डिनर टेबल पर ले आये , और फिर कभी उनके साथ अभद्र व्यवहार नहीं किया .

8

पाठ :8 परमात्मा और किसान - प्रेरणादायक कहानियां

• पाठ :8 परमात्मा और किसान - प्रेरणादायक कहानियां

एक बार एक किसान परमात्मा से बड़ा नाराज हो गया ! कभी बाढ़ आ जाये, कभी सूखा पड़ जाए, कभी धूप बहुत तेज हो जाए तो कभी ओले पड़ जाये! हर बार कुछ ना कुछ कारण से उसकी फसल थोड़ी ख़राब हो जाये! एक दिन बड़ा तंग आ कर उसने परमात्मा से कहा ,देखिये प्रभु,आप परमात्मा हैं , लेकिन लगता है आपको खेती बाड़ी की ज्यादा जानकारी नहीं है ,एक प्रार्थना है कि एक साल मुझे मौका दीजिये , जैसा मै चाहू वैसा मौसम हो,फिर आप देखना मै कैसे अन्न के भण्डार भर दूंगा! परमात्मा मुस्कुराये और कहा ठीक है, जैसा तुम कहोगे वैसा ही मौसम दूंगा, मै दखल नहीं करूँगा!

किसान ने गेहूं की फ़सल बोई ,जब धूप चाही ,तब धूप मिली, जब पानी तब पानी ! तेज धूप, ओले,बाढ़ ,आंधी तो उसने आने ही नहीं दी, समय के साथ फसल बढ़ी और किसान की ख़ुशी भी,क्योंकि ऐसी फसल तो आज तक नहीं हुई थी ! किसान ने मन ही मन सोचा अब पता चलेगा परमात्मा को, की फ़सल कैसे करते हैं ,बेकार ही इतने बरस हम किसानो को परेशान करते रहे.

फ़सल काटने का समय भी आया ,किसान बड़े गर्व से फ़सल काटने गया, लेकिन जैसे ही फसल काटने लगा ,एकदम से छाती पर हाथ रख कर बैठ गया! गेहूं की एक भी बाली के अन्दर गेहूं नहीं था ,सारी बालियाँ अन्दर से खाली थी, बड़ा दुखी होकर उसने परमात्मा से कहा ,प्रभु ये क्या हुआ ?

तब परमात्मा बोले," ये तो होना ही था ,तुमने पौधों को संघर्ष का ज़रा सा भी मौका नहीं दिया . ना तेज धूप में उनको तपने दिया , ना आंधी ओलों से जूझने दिया ,उनको किसी प्रकार की चुनौती का अहसास जरा भी नहीं होने दिया , इसीलिए सब पौधे खोखले रह गए, जब आंधी आती है, तेज बारिश होती है ओले गिरते हैं तब पोधा अपने बल से ही खड़ा रहता है, वो अपना अस्तित्व बचाने का संघर्ष करता है और इस संघर्ष से जो बल पैदा होता है वोही उसे शक्ति देता है ,उर्जा देता है, उसकी जीवटता को उभारता है.सोने को भी कुंदन बनने के लिए आग में तपने , हथौड़ी से पिटने,गलने जैसी चुनोतियो से गुजरना पड़ता है तभी उसकी स्वर्णिम आभा उभरती है,उसे अनमोल बनाती है !"

उसी तरह जिंदगी में भी अगर संघर्ष ना हो ,चुनौती ना हो तो आदमी खोखला ही रह जाता है, उसके अन्दर कोई गुण नहीं आ पाता ! ये चुनोतियाँ ही हैं जो आदमी रूपी तलवार को धार देती हैं ,उसे सशक्त और प्रखर बनाती हैं, अगर प्रतिभाशाली बनना है तो चुनोतियाँ तो स्वीकार करनी ही पड़ेंगी, अन्यथा हम खोखले ही रह जायेंगे. अगर जिंदगी में प्रखर बनना है,प्रतिभाशाली बनना है ,तो संघर्ष और चुनोतियो का सामना तो करना ही पड़ेगा !

9

पाठ : 9 शिष्टाचार - प्रेरणादायक कहानियां

- पाठ : 9 शिष्टाचार - प्रेरणादायक कहानियां

स्वामी विवेकानंद जी ने कहा है कि–विश्व में अधिकांश लोग इसलिए असफल हो जाते हैं, क्योंकि उनमें समय पर साहस का संचार नही हो पाता और वे भयभीत हो उठते हैं।

स्वामीजी की कही सभी बातें हमें उनके जीवन काल की घटनाओं में सजीव दिखाई देती हैं। उपरोक्त लिखे वाक्य को शिकागो की एक घटना ने सजीव कर दिया, किस तरह विपरीत परिस्थिती में भी उन्होने भारत को गौरवान्वित किया। हमें बहुत गर्व होता है कि हम इस देश के निवासी हैं जहाँ विवेकानंद जी जैसे महान संतो का मार्ग-दर्शन मिला। आज मैं आपके साथ शिकागो धर्म सम्मेलन से सम्बंधित एक छोटा सा वृत्तान्त बता रही हूँ जो भारतीय संस्कृति में समाहित शिष्टाचार की ओर इंगित करता है|

1893 में शिकागो में विश्व धर्म सम्मेलन चल रहा था। स्वामी विवेकानंद भी उसमें बोलने के लिए गये हुए थे।11सितंबर को स्वामी जी का व्याखान होना था। मंच पर ब्लैक बोर्ड पर लिखा हुआ था- हिन्दू धर्म – मुर्दा धर्म। कोई साधारण व्यक्ति इसे देखकर क्रोधित हो सकता था , पर स्वामी जी भला ऐसा कैसे कर सकते थे| वह बोलने के लिये खड़े हुए और उन्होने सबसे पहले (अमरीकावासी बहिनों और भाईयों) शब्दों के साथ श्रोताओं को संबोधित किया। स्वामीजी के शब्द ने जादू कर दिया, पूरी सभा ने करतल ध्वनि से उनका स्वागत किया।

इस हर्ष का कारण था, स्त्रियों को पहला स्थान देना। स्वामी जी ने सारी वसुधा को अपना कुटुंब मानकर सबका स्वागत किया था। भारतीय संस्कृति में निहित शिष्टाचार का यह तरीका किसी को न सूझा था। इस बात का अच्छा प्रभाव पड़ा। श्रोता मंत्र मुग्ध उनको सुनते रहे, निर्धारित 5 मिनट कब बीत गया पता ही न चला। अध्यक्ष कार्डिनल गिबन्स ने और

आगे बोलने का अनुरोध किया। स्वामीजी 20 मिनट से भी अधिक देर तक बोलते रहे|

स्वामीजी की धूम सारे अमेरिका में मच गई। देखते ही देखते हजारों लोग उनके शिष्य बन गए। और तो और, सम्मेलन में कभी शोर मचता तो यह कहकर श्रोताओं को शान्त कराया जाता कि यदि आप चुप रहेंगे तो स्वामी विवेकानंद जी का व्याख्यान सुनने का अवसर दिया जायेगा। सुनते ही सारी जनता शान्त हो कर बैठ जाती।

अपने व्याख्यान से स्वामीजी ने यह सिद्ध कर दिया कि हिन्दू धर्म भी श्रेष्ठ है, जिसमें सभी धर्मा को अपने अंदर समाहित करने की क्षमता है। भारतिय संस्कृति, किसी की अवमानना या निंदा नही करती। इस तरह स्वामी विवेकानंद जी ने सात समंदर पार भारतीय संस्कृति की ध्वजा फहराई।

10

पाठ : 10 दोस्त का जवाब - प्रेरणादायक कहानियां

बहुत समय पहले की बात है , दो दोस्त बीहड़ इलाकों से होकर शहर जा रहे थे . गर्मी बहुत अधिक होने के कारण वो बीच -बीच में रुकते और आराम करते . उन्होंने अपने साथ खाने-पीने की भी कुछ चीजें रखी हुई थीं . जब दोपहर में उन्हें भूख लगी तो दोनों ने एक जगह बैठकर खाने का विचार किया .

खाना खाते – खाते दोनों में किसी बात को लेकर बहस छिड़ गयी ..और धीरे -धीरे बात इतनी बढ़ गयी कि एक दोस्त ने दूसरे को थप्पड़ मार दिया .पर थप्पड़ खाने के बाद भी दूसरा दोस्त चुप रहा और कोई विरोध नहीं किया ....बस उसने पेड़ की एक टहनी उठाई और उससे मिटटी पर लिख दिया " आज मेरे सबसे अच्छे दोस्त ने मुझे थप्पड़ मारा "

थोड़ी देर बाद उन्होंने पुनः यात्रा शुरू की , मन मुटाव होने के कारण वो बिना एक -दूसरे से बात किये आगे बढ़ते जा रहे थे कि तभी थप्पड़ खाए दोस्त के चीखने की आवाज़ आई , वह गलती से दलदल में फँस गया था ...दूसरे दोस्त ने तेजी दिखाते हुए उसकी मदद की और उसे दलदल से निकाल दिया .

इस बार भी वह दोस्त कुछ नहीं बोला उसने बस एक नुकीला पत्थर उठाया और एक विशाल पेड़ के तने पर लिखने लगा " आज मेरे सबसे अच्छे दोस्त ने मेरी जान बचाई "

उसे ऐसा करते देख दूसरे मित्र से रहा नहीं गया और उसने पूछा , " जब मैंने तुम्हे पत्थर मारा तो तुमने मिटटी पर लिखा और जब मैंने तुम्हारी जान बचाई तो तुम पेड़ के तने पर कुरेद -कुरेद कर लिख रहे हो , ऐसा क्यों ?"

" जब कोई तकलीफ दे तो हमें उसे अन्दर तक नहीं बैठाना चाहिए ताकि क्षमा रुपी हवाएं इस मिटटी की तरह ही उस तकलीफ को हमारे जेहन से बहा ले जाएं , लेकिन जब कोई हमारे लिए कुछ अच्छा करे तो उसे इतनी गहराई से अपने मन में बसा लेने चाहिए कि वो कभी हमारे जेहन से मिट ना सके ." , दोस्त का जवाब आया.

11

पाठ : 11 कहाँ हैं भगवान ? - प्रेरणादायक कहानियां

- पाठ : 11 कहाँ हैं भगवान ? - प्रेरणादायक कहानियां

एक आदमी हमेशा की तरह अपने नाई की दूकान पर बाल कटवाने गया . बाल कटाते वक़्त अक्सर देश-दुनिया की बातें हुआ करती थीं ....आज भी वे सिनेमा , राजनीति , और खेल जगत , इत्यादि के बारे में बात कर रहे थे कि अचानक भगवान् के अस्तित्व को लेकर बात होने लगी .

नाई ने कहा , " देखिये भैया , आपकी तरह मैं भगवान् के अस्तित्व में यकीन नहीं रखता "

" तुम ऐसा क्यों कहते हो ?", आदमी ने पूछा .

"अरे , ये समझना बहुत आसान है , बस गली में जाइए और आप समझ जायेंगे कि भगवान् नहीं है . आप ही बताइए कि अगर भगवान् होते तो क्या इतने लोग बीमार होते ?इतने बच्चे अनाथ होते ? अगर भगवान् होते तो किसी को कोई दर्द कोई तकलीफ नहीं होती ", नाई ने बोलना जारी रखा , " मैं ऐसे भगवान के बारे में नहीं सोच सकता जो इन सब चीजों को होने दे . आप ही बताइए कहाँ है भगवान ?"

आदमी एक क्षण के लिए रुका , कुछ सोचा , पर बहस बढे ना इसलिए चुप ही रहा .

नाई ने अपना काम ख़तम किया और आदमी कुछ सोचते हुए दुकान से बाहर निकला और कुछ दूर जाकर खड़ा हो गया. . कुछ देर इंतज़ार करने के बाद उसे एक लम्बी दाढ़ी – मूछ वाला अधेड़ व्यक्ति उस तरफ आता दिखाई पड़ा , उसे देखकर लगता था मानो वो कितने दिनों से नहाया-धोया ना हो .

आदमी तुरंत नाई कि दुकान में वापस घुस गया और बोला , " जानते हो इस दुनिया में नाई नहीं होते !"

"भला कैसे नहीं होते हैं ?" , नाई ने सवाल किया , " मैं साक्षात तुम्हारे सामने हूँ!! "

"नहीं " आदमी ने कहा , " वो नहीं होते हैं वरना किसी की भी लम्बी दाढ़ी – मूछ नहीं होती पर वो देखो सामने उस आदमी की कितनी लम्बी दाढ़ी-मूछ है !!"

" अरे नहीं भाईसाहब नाई होते हैं लेकिन बहुत से लोग हमारे पास नहीं आते ." नाई बोला

"बिलकुल सही " आदमी ने नाई को रोकते हुए कहा ," यही तो बात है , भगवान भी होते हैं पर लोग उनके पास नहीं जाते और ना ही उन्हें खोजने का प्रयास करते हैं, इसीलिए दुनिया में इतना दुःख-दर्द है."

12

पाठ : 12 फूटा घड़ा - प्रेरणादायक कहानियां

- पाठ : 12 फूटा घड़ा - प्रेरणादायक कहानियां

बहुत समय पहले की बात है , किसी गाँव में एक किसान रहता था . वह रोज़ भोर में उठकर दूर झरनों से स्वच्छ पानी लेने जाया करता था . इस काम के लिए वह अपने साथ दो बड़े घड़े ले जाता था , जिन्हें वो डंडे में बाँध कर अपने कंधे पर दोनों ओर लटका लेता था .

उनमे से एक घड़ा कहीं से फूटा हुआ था ,और दूसरा एक दम सही था . इस वजह से रोज़ घर पहुँचते -पहुचते किसान के पास डेढ़ घड़ा पानी ही बच पाता था .ऐसा दो सालों से चल रहा था .

सही घड़े को इस बात का घमंड था कि वो पूरा का पूरा पानी घर पहुंचता है और उसके अन्दर कोई कमी नहीं है , वहीं दूसरी तरफ फूटा घड़ा इस बात से शर्मिंदा रहता था कि वो आधा पानी ही घर तक पंहुचा पाता है और किसान की मेहनत बेकार चली जाती है . फूटा घड़ा ये सब सोच कर बहुत परेशान रहने लगा और एक दिन उससे रहा नहीं गया , उसने किसान से कहा , " मैं खुद पर शर्मिंदा हूँ और आपसे क्षमा मांगना चाहता हूँ ?"

"क्यों ? " , किसान ने पूछा , " तुम किस बात से शर्मिंदा हो ?"

"शायद आप नहीं जानते पर मैं एक जगह से फूटा हुआ हूँ , और पिछले दो सालों से मुझे जितना पानी घर पहुँचाना चाहिए था बस उसका आधा ही पंहुचा पाया हूँ , मेरे अन्दर ये बहुत बड़ी कमी है , और इस वजह से आपकी मेहनत बर्वाद होती रही है .", फूटे घड़े ने दुखी होते हुए कहा.

किसान को घड़े की बात सुनकर थोडा दुःख हुआ और वह बोला , " कोई बात नहीं , मैं चाहता हूँ कि आज लौटते वक़्त तुम रास्ते में पड़ने वाले सुन्दर फूलों को देखो ."

घड़े ने वैसा ही किया , वह रास्ते भर सुन्दर फूलों को देखता आया , ऐसा करने से उसकी उदासी कुछ दूर हुई पर घर पहुँचते – पहुँचते फिर उसके अन्दर से आधा पानी गिर चुका था, वो मायूस हो गया और किसान से क्षमा मांगने लगा.

किसान बोला ," शायद तुमने ध्यान नहीं दिया पूरे रास्ते में जितने भी फूल थे वो बस तुम्हारी तरफ ही थे , सही घड़े की तरफ एक भी फूल नहीं था . ऐसा इसलिए क्योंकि मैं हमेशा से तुम्हारे अन्दर की कमी को जानता था , और मैंने उसका लाभ उठाया . मैंने तुम्हारे तरफ वाले रास्ते पर रंग -बिरंगे फूलों के बीज बो दिए थे , तुम रोज़ थोडा-थोडा कर के उन्हें सींचते रहे और पूरे रास्ते को इतना खूबसूरत बना दिया . आज तुम्हारी वजह से ही मैं इन फूलों को भगवान को अर्पित कर पाता हूँ और अपना घर सुन्दर बना पाता हूँ . तुम्ही सोचो अगर तुम जैसे हो वैसे नहीं होते तो भला क्या मैं ये सब कुछ कर पाता ?"

13

पाठ : 13 हाथी और छह अंधे व्यक्ति - प्रेरणादायक कहानियां

- पाठ : 13 हाथी और छह अंधे व्यक्ति - प्रेरणादायक कहानियां

बहुत समय पहले की बात है , किसी गावं में 6 अंधे आदमी रहते थे. एक दिन गाँव वालों ने उन्हें बताया , " अरे , आज गावँ में हाथी आया है." उन्होंने आज तक बस हाथियों के बारे में सुना था पर कभी छू कर महसूस नहीं किया था. उन्होंने ने निश्चय किया, " भले ही हम हाथी को देख नहीं सकते , पर आज हम सब चल कर उसे महसूस तो कर सकते हैं ना?" और फिर वो सब उस जगह की तरफ बढ़ चले जहाँ हाथी आया हुआ था.

सभी ने हाथी को छूना शुरू किया.

" मैं समझ गया, हाथी एक खम्भे की तरह होता है", पहले व्यक्ति ने हाथी का पैर छूते हुए कहा.

"अरे नहीं, हाथी तो रस्सी की तरह होता है." दूसरे व्यक्ति ने पूँछ पकड़ते हुए कहा.

"मैं बताता हूँ, ये तो पेड़ के तने की तरह है.", तीसरे व्यक्ति ने सूंढ़ पकड़ते हुए कहा.

" तुम लोग क्या बात कर रहे हो, हाथी एक बड़े हाथ के पंखे की तरह होता है." , चौथे व्यक्ति ने कान छूते हुए सभी को समझाया.

"नहीं-नहीं , ये तो एक दीवार की तरह है.", पांचवे व्यक्ति ने पेट पर हाथ रखते हुए कहा.

" ऐसा नहीं है , हाथी तो एक कठोर नली की तरह होता है.", छठे व्यक्ति ने अपनी बात रखी.

और फिर सभी आपस में बहस करने लगे और खुद को सही साबित करने में लग गए.. ..उनकी बहस तेज होती गयी और ऐसा लगने लगा मानो वो आपस में लड़ ही पड़ेंगे.

तभी वहां से एक बुद्धिमान व्यक्ति गुजर रहा था. वह रुका और उनसे पूछा," क्या बात है तुम सब आपस में झगड़ क्यों रहे हो?"

" हम यह नहीं तय कर पा रहे हैं कि आखिर हाथी दीखता कैसा है." , उन्होंने ने उत्तर दिया.

और फिर बारी बारी से उन्होंने अपनी बात उस व्यक्ति को समझाई.

बुद्धिमान व्यक्ति ने सभी की बात शांति से सुनी और बोला ," तुम सब अपनी-अपनी जगह सही हो. तुम्हारे वर्णन में अंतर इसलिए है क्योंकि तुम सबने हाथी के अलग-अलग भाग छुए

हैं, पर देखा जाए तो तुम लोगो ने जो कुछ भी बताया वो सभी बातें हाथी के वर्णन के लिए सही बैठती हैं."

" अच्छा !! ऐसा है." सभी ने एक साथ उत्तर दिया . उसके बाद कोई विवाद नहीं हुआ ,और सभी खुश हो गए कि वो सभी सच कह रहे थे.

14

पाठ : 14 बन्दर और सुगरी - प्रेरणादायक कहानियां

- पाठ : 14 बन्दर और सुगरी - प्रेरणादायक कहानियां

सुन्दर वन में ठण्ड दस्तक दे रही थी , सभी जानवर आने वाले कठिन मौसम के लिए तैयारी करने में लगे हुए थे . सुगरी चिड़िया भी उनमे से एक थी , हर साल की तरह उसने अपने लिए एक शानदार घोंसला तैयार किया था और अचानक होने वाली बारिश और ठण्ड से बचने के लिए उसे चारो तरफ से घांस -फूंस से ढक दिया था .

सब कुछ ठीक चल रहा था कि एक दिन अचानक ही बिजली कड़कने लगी और देखते - देखते घनघोर वर्षा होने लगी , बेमौसम आई बारिश से ठण्ड भी बढ़ गयी और सभी जानवर अपने -अपने घरों की तरफ भागने लगे . सुगरी भी तेजी दिखाते हुए अपने घोंसले में वापस आ गई , और आराम करने लगी . उसे आये अभी कुछ ही वक़्त बीता था कि एक बन्दर खुद को बचाने के लिए पेड़ के नीचे आ पहुंचा .

सुगरी ने बन्दर को देखते ही कहा – " तुम इतने होशियार बने फिरते हो तो भला ऐसे मौसम से बचने के लिए घर क्यों नहीं बनाया ?" यह सुनकर बन्दर को गुस्सा आया लेकिन वह चुप ही रहा और पेड़ की आड़ में खुद को बचाने का प्रयास करने लगा .

थोड़ी देर शांत रहने के बाद सुगरी फिर बोली, " पूरी गर्मी इधर उधर आलस में बिता दी...अच्छा होता अपने लिए एक घर बना लेते!!!" यह सुन बन्दर ने गुस्से में कहा, " तुम अपने से मतलब रखो , मेरी चिंता छोड़ दो ."

सुगरी शांत हो गयी.

बारिश रुकने का नाम नहीं ले रही थी और हवाएं भी तेज चल रही थीं, बेचारा बन्दर ठण्ड से काँप रहा था, और खुद को ढंकने की भरसक कोशिश कर रहा था.पर सुगरी ने तो मानो उसे छेड़ने की कसम खा रखी थी, वह फिर बोली, " काश कि तुमने थोड़ी अकल दिखाई होती तो आज इस हालत...."

सुगरी ने अभी अपनी बात खतम भी नहीं की थी कि बन्दर बौखलाते हुए बोला, " एक दम चुप, अपना ये बार-बार फुसफुसाना बंद करो ..... ये ज्ञान की बाते अपने पास रखो और पंडित बनने की कोशिश मत करो." सुगरी चुप हो गयी.

अब तक काफी पानी गिर चुका था , बन्दर बिलकुल भीग गया था और बुरी तरह काँप रहा था. इतने में सुगरी से रहा नहीं गया और वो फिर बोली , " कम से कम अब घर बनाना सीख लेना." इतना सुनते ही बन्दर तुरंत पेड़ पर चढ़ने लगा ,....... "भले मैं घर बनाना नहीं जानता लेकिन मुझे तोडना अच्छे से आता है..", और ये कहते हुए उसने सुगरी का घोंसला तहस नहस कर दिया. अब सुगरी भी बन्दर की तरह बेघर हो चुकी थी और ठण्ड से काँप रही थी.

15

पाठ : 15 भगवान बचाएगा ! - प्रेरणादायक कहानियां

एक समय की बात है किसी गाँव में एक साधु रहता था, वह भगवान का बहुत बड़ा भक्त था और निरंतर एक पेड़ के नीचे बैठ कर तपस्या किया करता था | उसका भागवान पर अटूट विश्वास था और गाँव वाले भी उसकी इज़्ज़त करते थे|

एक बार गाँव में बहुत भीषण बाढ़ आ गई | चारो तरफ पानी ही पानी दिखाई देने लगा, सभी लोग अपनी जान बचाने के लिए ऊँचे स्थानों की तरफ बढ़ने लगे | जब लोगों ने देखा कि साधु महाराज अभी भी पेड़ के नीचे बैठे भगवान का नाम जप रहे हैं तो उन्हें यह जगह छोड़ने की सलाह दी| पर साधु ने कहा-

" तुम लोग अपनी जान बचाओ मुझे तो मेरा भगवान बचाएगा!"

धीरे-धीरे पानी का स्तर बढ़ता गया , और पानी साधु के कमर तक आ पहुंचा , इतने में वहां से एक नाव गुजरी|

मल्लाह ने कहा- " हे साधू महाराज आप इस नाव पर सवार हो जाइए मैं आपको सुरक्षित स्थान तक पहुंचा दूंगा |"

"नहीं, मुझे तुम्हारी मदद की आवश्यकता नहीं है , मुझे तो मेरा भगवान बचाएगा !! ", साधु ने उत्तर दिया.

नाव वाला चुप-चाप वहां से चला गया.

कुछ देर बाद बाढ़ और प्रचंड हो गयी , साधु ने पेड़ पर चढ़ना उचित समझा और वहां बैठ कर ईश्वर को याद करने लगा | तभी अचानक उन्हें गड़गड़ाहत की आवाज़ सुनाई दी, एक हेलिकोप्टर उनकी मदद के लिए आ पहुंचा, बचाव दल ने एक रस्सी लटकाई और साधु को उसे जोर से पकड़ने का आग्रह किया|

पर साधु फिर बोला-" मैं इसे नहीं पकड़ूँगा, मुझे तो मेरा भगवान बचाएगा |"

उनकी हठ के आगे बचाव दल भी उन्हें लिए बगैर वहां से चला गया |

कुछ ही देर में पेड़ बाढ़ की धारा में बह गया और साधु की मृत्यु हो गयी |

मरने के बाद साधु महाराज स्वर्ग पहुचे और भगवान से बोले -. " हे प्रभु मैंने तुम्हारी पूरी लगन के साथ आराधना की... तपस्या की पर जब मै पानी में डूब कर मर रहा था तब तुम मुझे बचाने नहीं आये, ऐसा क्यों प्रभु ?

भगवान बोले , " हे साधु महात्मा मै तुम्हारी रक्षा करने एक नहीं बल्कि तीन बार आया , पहला, ग्रामीणों के रूप में , दूसरा नाव वाले के रूप में , और तीसरा ,हेलीकाप्टर बचाव दल के रूप में. किन्तु तुम मेरे इन अवसरों को पहचान नहीं पाए |"

16

पाठ : 16 संगती का असर - प्रेरणादायक कहानियां

- पाठ : 16 संगती का असर - प्रेरणादायक कहानियां

एक बार एक राजा शिकार के उद्देश्य से अपने काफिले के साथ किसी जंगल से गुजर रहा था | दूर दूर तक शिकार नजर नहीं आ रहा था, वे धीरे धीरे घनघोर जंगल में प्रवेश करते गए | अभी कुछ ही दूर गए थे की उन्हें कुछ डाकुओं के छिपने की जगह दिखाई दी | जैसे ही वे उसके पास पहुचें कि पास के पेड़ पर बैठा तोता बोल पड़ा – ,

" पकड़ो पकड़ो एक राजा आ रहा है इसके पास बहुत सारा सामान है लूटो लूटो जल्दी आओ जल्दी आओ |"

तोते की आवाज सुनकर सभी डाकू राजा की और दौड़ पड़े | डाकुओ को अपनी और आते देख कर राजा और उसके सैनिक दौड़ कर भाग खड़े हुए | भागते-भागते कोसो दूर निकल गए | सामने एक बड़ा सा पेड़ दिखाई दिया | कुछ देर सुस्ताने के लिए उस पेड़ के पास चले गए , जैसे ही पेड़ के पास पहुचे कि उस पेड़ पर बैठा तोता बोल पड़ा – आओ राजन हमारे साधू महात्मा की कुटी में आपका स्वागत है |

अन्दर आइये पानी पीजिये और विश्राम कर लीजिये | तोते की इस बात को सुनकर राजा हैरत में पड़ गया , और सोचने लगा की एक ही जाति के दो प्राणियों का व्यवहार इतना अलग-अलग कैसे हो सकता है | राजा को कुछ समझ नहीं आ रहा था | वह तोते की बात मानकर अन्दर साधू की कुटिया की ओर चला गया, साधू महात्मा को प्रणाम कर उनके समीप बैठ गया और अपनी सारी कहानी सुनाई | और फिर धीरे से पूछा, "ऋषिवर इन दोनों तोतों के व्यवहार में आखिर इतना अंतर क्यों है |"

साधू महात्मा धैर्य से सारी बातें सुनी और बोले ," ये कुछ नहीं राजन बस संगति का असर है | डाकुओं के साथ रहकर तोता भी डाकुओं की तरह व्यवहार करने लगा है और उनकी ही

भाषा बोलने लगा है | अर्थात जो जिस वातावरण में रहता है वह वैसा ही बन जाता है कहने का तात्पर्य यह है कि मूर्ख भी विद्वानों के साथ रहकर विद्वान बन जाता है और अगर विद्वान भी मूर्खों के संगत में रहता है तो उसके अन्दर भी मूर्खता आ जाती है | इसिलिय हमें संगती सोच समझ कर करनी चाहिए |

17

पाठ : 17 बड़ा सोचो - प्रेरणादायक कहानियां

- पाठ : 17 बड़ा सोचो - प्रेरणादायक कहानियां

अत्यंत गरीब परिवार का एक बेरोजगार युवक नौकरी की तलाश में किसी दूसरे शहर जाने के लिए रेलगाड़ी से सफ़र कर रहा था | घर में कभी-कभार ही सब्जी बनती थी, इसलिए उसने रास्ते में खाने के लिए सिर्फ रोटीयां ही रखी थी |

आधा रास्ता गुजर जाने के बाद उसे भूख लगने लगी, और वह टिफिन में से रोटीयां निकाल कर खाने लगा | उसके खाने का तरीका कुछ अजीब था , वह रोटी का एक टुकड़ा लेता और उसे टिफिन के अन्दर कुछ ऐसे डालता मानो रोटी के साथ कुछ और भी खा रहा हो, जबकि उसके पास तो सिर्फ रोटीयां थीं!! उसकी इस हरकत को आस पास के और दूसरे यात्री देख कर हैरान हो रहे थे |

वह युवक हर बार रोटी का एक टुकड़ा लेता और झूठमूठ का टिफिन में डालता और खाता | सभी सोच रहे थे कि आखिर वह युवक ऐसा क्यों कर रहा था | आखिरकार एक व्यक्ति से रहा नहीं गया और उसने उससे पूछ ही लिया की भैया तुम ऐसा क्यों कर रहे हो, तुम्हारे पास सब्जी तो है ही नहीं फिर रोटी के टुकड़े को हर बार खाली टिफिन में डालकर ऐसे खा रहे हो मानो उसमे सब्जी हो |

तब उस युवक ने जवाब दिया, "भैया , इस खाली ढक्कन में सब्जी नहीं है लेकिन मै अपने मन में यह सोच कर खा रहा हू की इसमें बहुत सारा आचार है, मै आचार के साथ रोटी खा रहा हू |"

फिर व्यक्ति ने पूछा , "खाली ढक्कन में आचार सोच कर सूखी रोटी को खा रहे हो तो क्या तुम्हे आचार का स्वाद आ रहा है ?"

"हाँ, बिलकुल आ रहा है , मै रोटी के साथ अचार सोचकर खा रहा हूँ और मुझे बहुत अच्छा भी लग रहा है |", युवक ने जवाब दिया|

उसके इस बात को आसपास के यात्रियों ने भी सुना, और उन्ही में से एक व्यक्ति बोला , "जब सोचना ही था तो तुम आचार की जगह पर मटर-पनीर सोचते, शाही गोभी सोचते....तुम्हे इनका स्वाद मिल जाता | तुम्हारे कहने के मुताबिक तुमने आचार सोचा तो आचार का स्वाद आया तो और स्वादिष्ट चीजों के बारे में सोचते तो उनका स्वाद आता | सोचना ही था तो भला छोटा क्यों सोचे तुम्हे तो बड़ा सोचना चाहिए था |"

18

पाठ : 18 शेर , लोमड़ी और भिक्षुक - प्रेरणादायक कहानियां

- पाठ : 18 शेर , लोमड़ी और भिक्षुक - प्रेरणादायक कहानियां

एक बौद्ध भिक्षुक भोजन बनाने के लिए जंगल से लकड़ियाँ चुन रहा था कि तभी उसने कुछ अनोखा देखा ,

"कितना अजीब है ये !", उसने बिना पैरों की लोमड़ी को देखते हुए मन ही मन सोचा .

" आखिर इस हालत में ये जिंदा कैसे है ?" उसे आश्चर्य हुआ , " और ऊपर से ये बिलकुल स्वस्थ है "

वह अपने ख़यालों में खोया हुआ था की अचानक चारो तरफ अफरा – तफरी मचने लगी ; जंगल का रजा शेर उस तरफ आ रहा था . भिक्षुक भी तेजी दिखाते हुए एक ऊँचे पेड़ पर चढ़ गया , और वहीँ से सब कुछ देखने लगा .

शेर ने एक हिरन का शिकार किया था और उसे अपने जबड़े में दबा कर लोमड़ी की तरफ बढ़ रहा था , पर उसने लोमड़ी पर हमला नहीं किया बल्कि उसे भी खाने के लिए मांस के कुछ टुकड़े डाल दिए .

" ये तो घोर आश्चर्य है , शेर लोमड़ी को मारने की बजाये उसे भोजन दे रहा है ." , भिक्षुक बुदबुदाया,उसे अपनी आँखों पर भरोसा नहीं हो रहा था इसलिए वह अगले दिन फिर वहीं आया और छिप कर शेर का इंतज़ार करने लगा . आज भी वैसा ही हुआ , शेर ने अपने शिकार का कुछ हिस्सा लोमड़ी के सामने डाल दिया .

"यह भगवान् के होने का प्रमाण है !" भिक्षुक ने अपने आप से कहा . " वह जिसे पैदा करता है उसकी रोटी का भी इंतजाम कर देता है , आज से इस लोमड़ी की तरह मैं भी ऊपर

वाले की दया पर जीऊंगा , इश्वर मेरे भी भोजन की व्यवस्था करेगा ." और ऐसा सोचते हुए वह एक वीरान जगह पर जाकर एक पेड़ के नीचे बैठ गया .

पहला दिन बीता , पर कोई वहां नहीं आया , दूसरे दिन भी कुछ लोग उधर से गुजर गए पर भिक्षुक की तरफ किसी ने ध्यान नहीं दिया . इधर बिना कुछ खाए -पीये वह कमजोर होता जा रहा था . इसी तरह कुछ और दिन बीत गए , अब तो उसकी रही सही ताकत भी खत्म हो गयी ...वह चलने -फिरने के लायक भी नहीं रहा . उसकी हालत बिलकुल मृत व्यक्ति की तरह हो चुकी थी की तभी एक महात्मा उधर से गुजरे और भिक्षुक के पास पहुंचे .

उसने अपनी सारी कहानी महात्मा जी को सुनाई और बोला , " अब आप ही बताइए कि भगवान् इतना निर्दयी कैसे हो सकते हैं , क्या किसी व्यक्ति को इस हालत में पहुंचाना पाप नहीं है ?"

" बिल्कुल है ,", महात्मा जी ने कहा , " लेकिन तुम इतना मूर्ख कैसे हो सकते हो ? तुम ये क्यों नहीं समझे कि भगवान् तुम्हे उसे शेर की तरह बनते देखना चाहते थे , लोमड़ी की तरह नहीं !!!"

19

पाठ : 19 मंदिर का पुजारी - प्रेरणादायक कहानियां

- पाठ : 19 मंदिर का पुजारी - प्रेरणादायक कहानियां

एक बार की बात है कि एक समृद्ध व्यापारी , जो सदैव अपने गुरू से परामर्श करके कुछ न कुछ सुकर्म किया करता

था, गुरु से बोला-"गुरुदेव, धनार्जन हेतु मैं अपना गाँव पीछे ज़रूर छोड़ आया हूँ, पर हर समय मुझे लगता रहता है कि वहाँ पर एक ऐसा देवालय बनाया जाये जिसमें देवपूजन के साथ-साथ भोजन की भी व्यवस्था हो,अच्छे संस्कारों से लोगों को सुसंस्कृत किया जाये, अशरण को शरण मिले, वस्त्रहीन का तन ढके ,रोगियों को दवा और चिकित्सा मिले ,बच्चे अपने धर्म के वास्तविक स्वरूप से अवगत हो सकें |"

सुनते ही गुरु प्रसन्नतापूर्वक बोले-"केवल गाँव में ही क्यों,तुम ऐसा ही एक मंदिर अपने इस नगर में भी बनवाओ |" व्यापारी को सुझाव पसंद आया और उसने ने दो मंदिर, एक अपने गाँव और दूसरा अपने नगर में,जहाँ वह अपने परिवार के साथ रहता था,बनवा दिए |दोनों देवालय शीघ्र ही लोगों की श्रद्धा के केंद्र बन गये |लेकिन कुछ दिन ही बीते थे कि व्यापारी ने देखा कि नगर के लोग गाँव के मन्दिर में आने लगे हैं ,जबकि वहाँ पहुँचने का रास्ता काफी कठिन है |उसकी समझ में नहीं आ रहा था कि ऐसा क्यों हो रहा है ?

कुछ भारी मन से वह गुरु जी के पास गया और सारा वृत्तांत कह सुनाया |गुरु जी ने कुछ विचार किया और फिर उसे यह परामर्श दिया कि वह गाँव के मंदिर के पुजारी को नगर के मन्दिर में सेवा के लिए बुला ले | उसने ऐसा ही किया नगर के पुजारी को गाँव और गाँव के पुजारी को नगर में सेवा पर नियुक्त कर दिया |कुछ ही दिन बीते थे कि वह यह देखकर स्तब्ध रह गया कि अब गाँव के लोग नगर के मन्दिर की ओर रुख करने लगे हैं |

अब तो उसे हैरानी के साथ-साथ परेशानी भी अनुभव होने लगी |बिना एक क्षण की देरी के वह गुरुजी के पास जा कर हाथ जोड़ कर,कहने लगा –"आपकी आज्ञानुसार मैंने दोनों पुजारियों का स्थानांतरण किया लेकिन समस्या तो पहले से भी गम्भीर हो चली है कि अब तो मेरे गाँव के परिचित और परिजन, कष्ट सहकर और किराया –भाड़ा खर्च करके, नगर के देवालय में आने लगे हैं |मुझसे यह नहीं देखा जाता |"

व्यापारी की बात सुनते ही गुरु जी सारी बात समझ गये और बोले- हैरानी और परेशानी छोड़ो |दरअसल,जो गाँव वाले पुजारी हैं ,उनका अच्छा स्वभाव ही है जो लोग उसी देवालय में जाना चाहते हैं,जहाँ वे होते हैं | उनका लोगों से निःस्वार्थ प्रेम, उनके दुःख से दुखी होना ,उनके सुख में प्रसन्न होना, उनसे मित्रता का व्यवहार करना ही लोगों को उनकी और आकर्षित करता है और लोग स्वतः ही उनकी और खिंचे चले आते हैं |"अब सारी बात व्यापारी की समझ में आ चुकी थी |

20

पाठ : 20 महात्मा जी की बिल्ली - प्रेरणादायक कहानियां

- पाठ : 20 महात्मा जी की बिल्ली - प्रेरणादायक कहानियां

एक बार एक महात्माजी अपने कुछ शिष्यों के साथ जंगल में आश्रम बनाकर रहते थे, एक दिन कहीं से एक बिल्ली का बच्चा रास्ता भटककर आश्रम में आ गया । महात्माजी ने उस भूखे प्यासे बिल्ली के बच्चे को दूध-रोटी

खिलाया । वह बच्चा वहीं आश्रम में रहकर पलने लगा। लेकिन उसके आने के बाद महात्माजी को एक समस्या उत्पन्न हो गयी कि जब वे सायं ध्यान में बैठते तो वह बच्चा कभी उनकी गोद में चढ़ जाता, कभी कन्धे या सिर पर बैठ जाता । तो महात्माजी ने अपने एक शिष्य को बुलाकर कहा देखो मैं जब सायं ध्यान पर बैठूं, उससे पूर्व तुम इस बच्चे को दूर एक पेड़ से बॉध आया करो। अब तो यह नियम हो गया, महात्माजी के ध्यान पर बैठने से पूर्व वह बिल्ली का बच्चा पेड़ से बॉधा जाने लगा ।

एक दिन महात्माजी की मृत्यु हो गयी तो उनका एक प्रिय काबिल शिष्य उनकी गद्दी पर बैठा । वह भी जब ध्यान पर बैठता तो उससे पूर्व बिल्ली का बच्चा पेड़ पर बॉधा जाता । फिर एक दिन तो अनर्थ हो गया, बहुत बड़ी समस्या आ खड़ी हुयी कि बिल्ली ही खत्म हो गयी। सारे शिष्यों की मीटिंग हुयी, सबने विचार विमर्श किया कि बड़े महात्माजी जब तक बिल्ली पेड़ से न बॉधी जाये, तब तक ध्यान पर नहीं बैठते थे। अत: पास के गॉवों से कहीं से भी एक बिल्ली लायी जाये। आखिरकार काफी ढूँढने के बाद एक बिल्ली मिली, जिसे पेड़ पर बॉधने के बाद महात्माजी ध्यान पर बैठे।

विश्वास मानें, उसके बाद जाने कितनी बिल्लियाँ मर चुकी और न जाने कितने महात्माजी मर चुके। लेकिन आज भी जब तक पेड़ पर बिल्ली न बाँधी जाये, तब तक महात्माजी ध्यान पर नहीं बैठते हैं। कभी उनसे पूछो तो कहते हैं यह तो परम्परा है। हमारे पुराने सारे गुरुजी करते रहे, वे सब गलत तो नहीं हो सकते । कुछ भी हो जाये हम अपनी परम्परा नहीं छोड़ सकते।

21

पाठ : 21 आखिरी उपदेश - प्रेरणादायक कहानियां

- पाठ : 21 आखिरी उपदेश - प्रेरणादायक कहानियां

गुरुकुल में शिक्षा प्राप्त कर रहे शिष्यों में आज काफी उत्साह था , उनकी बारह वर्षों की शिक्षा आज पूर्ण हो रही

थी और अब वो अपने घरों को लौट सकते थे . गुरु जी भी अपने शिष्यों की शिक्षा-दीक्षा से प्रसन्न थे और गुरुकुल की परंपरा के अनुसार शिष्यों को आखिरी उपदेश देने की तैयारी कर रहे थे।

उन्होंने ऊँची आवाज़ में कहा , " आप सभी एक जगह एकत्रित हो जाएं , मुझे आपको आखिरी उपदेश देना है ."

गुरु की आज्ञा का पालन करते हुए सभी शिष्य एक जगह एकत्रित हो गए .

गुरु जी ने अपने हाथ में कुछ लकड़ी के खिलौने पकडे हुए थे , उन्होंने शिष्यों को खिलौने दिखाते हुए कहा , " आप को इन तीनो खिलौनों में अंतर ढूँढने हैं।"

सभी शिष्य ध्यानपूर्वक खिलौनों को देखने लगे , तीनो लकड़ी से बने बिलकुल एक समान दिखने वाले गुड्डे थे . सभी चकित थे की भला इनमे क्या अंतर हो सकता है ?

तभी किसी ने कहा , " अरे , ये देखो इस गुड्डे के में एक छेद है ."

यह संकेत काफी था ,जल्द ही शिष्यों ने पता लगा लिया और गुरु जी से बोले ,

" गुरु जी इन गुड्डों में बस इतना ही अंतर है कि -

एक के दोनों कान में छेद है

दूसरे के एक कान और एक मुंह में छेद है ,

और तीसरे के सिर्फ एक कान में छेद है "

गुरु जी बोले , " बिलकुल सही , और उन्होंने धातु का एक पतला तार देते हुए उसे कान के छेद में डालने के लिए कहा ."

शिष्यों ने वैसा ही किया . तार पहले गुड्डे के एक कान से होता हुआ दूसरे कान से निकल गया , दूसरे गुड्डे के कान से होते हुए मुंह से निकल गया और तीसरे के कान में घुसा पर कहीं से निकल नहीं पाया .

तब गुरु जी ने शिष्यों से गुड्डे अपने हाथ में लेते हुए कहा , " प्रिय शिष्यों , इन तीन गुड्डों की तरह ही आपके जीवन में तीन तरह के व्यक्ति आयेंगे .

पहला गुड्डा ऐसे व्यक्तियों को दर्शाता है जो आपकी बात एक कान से सुनकर दूसरे से निकाल देंगे ,आप ऐसे लोगों से कभी अपनी समस्या साझा ना करें .

दूसरा गुड्डा ऐसे लोगों को दर्शाता है जो आपकी बात सुनते हैं और उसे दूसरों के सामने जा कर बोलते हैं , इनसे बचें , और कभी अपनी महत्त्वपूर्ण बातें इन्हें ना बताएँ।

और तीसरा गुड्डा ऐसे लोगों का प्रतीक है जिनपर आप भरोसा कर सकते हैं , और उनसे किसी भी तरह का विचार – विमर्श कर सकते हैं , सलाह ले सकते हैं , यही वो लोग हैं जो आपकी ताकत है और इन्हें आपको कभी नहीं खोना चाहिए . "

22

पाठ : 22 तीन साधू - प्रेरणादायक कहानियां

- पाठ : 22 तीन साधू - प्रेरणादायक कहानियां

एक औरत अपने घर से निकली , उसने घर के सामने सफ़ेद लम्बी दाढ़ी में तीन साधू-महात्माओं को बैठे देखा . वह उन्हें पहचान नही पायी .उसने कहा , " मैं आप लोगों को नहीं पहचानती , बताइए क्या काम है ?"" हमें भोजन करना है .", साधुओं ने बोला ." ठीक है ! कृपया मेरे घर में पधारिये और भोजन ग्रहण कीजिये ."" क्या तुम्हारा पति घर में है ?" , एक साधु ने प्रश्न किया ."नहीं, वह कुछ देर के लिए बाहर गए हैं ." औरत ने उत्तर दिया .

" तब हम अन्दर नहीं आ सकते ", तीनो एक साथ बोले .

थोड़ी देर में पति घर वापस आ गया , उसे साधुओं के बारे में पता चला तो उसने तुरंत अपनी पत्नी से उन्हें पुन: आमंत्रित करने के लिए कहा।औरत ने ऐसा ही किया , वह साधुओं के समक्ष गयी और बोली," जी, अब मेरे पति वापस आ गए हैं , कृपया आप लोग घर में प्रवेश करिए !"

" हम किसी घर में एक साथ प्रवेश नहीं करते ." साधुओं ने स्त्री को बताया .

" ऐसा क्यों है ?" औरत ने अचरज से पूछा .

जवाब में मध्य में खड़े साधू ने बोला ," पुत्री मेरी दायीं तरफ खड़े साधू का नाम 'धन' और बायीं तरफ खड़े साधू का नाम 'सफलता' है , और मेरा नाम 'प्रेम' है . अब जाओ और अपने पति से विचार-विमर्श कर के बताओ की तुम हम तीनो में से किसे बुलाना चाहती हो।"

औरत अन्दर गयी और अपने पति से सारी बात बता दी . पति बेहद खुश हो गया . " वाह , आनंद आ गया , चलो जल्दी से 'धन' को बुला लेते हैं , उसके आने से हमारा घर धन-दौलत से भर जाएगा , और फिर कभी पैसों की कमी नहीं होगी ."

औरत बोली ," क्यों न हम सफलता को बुला लें , उसके आने से हम जो करेंगे वो सही होगा , और हम देखते-देखते धन-दौलत के मालिक भी बन जायेंगे ."

"हम्म , तुम्हारी बात भी सही है , पर इसमें मेहनत करनी पड़ेगी , मुझे तो लगता ही धन को ही बुला लेते हैं ." , पति बोला .

थोड़ी देर उनकी बहस चलती रही पर वो किसी निश्चय पर नहीं पहुच पाए , और अंतत: निश्चय किया कि वह साधुओं से यह कहेंगे कि धन और सफलता में जो आना चाहे आ जाये।

औरत झट से बाहर गयी और उसने यह आग्रह साधुओं के सामने दोहरा दिया .

उसकी बात सुनकर साधुओं ने एक दूसरे की तरफ देखा और बिना कुछ कहे घर से दूर जाने लगे।

" अरे ! आप लोग इस तरह वापस क्यों जा रहे हैं ?" , औरत ने उन्हें रोकते हुए पूछा .

" पुत्री ,दरअसल हम तीनो साधू इसी तरह द्वार-द्वार जाते हैं , और हर घर में प्रवेश करने का प्रयास करते हैं , जो व्यक्ति लालच में आकर धन या सफलता को बुलाता है हम वहां से लौट जाते हैं , और जो अपने घर में प्रेम का वास चाहता है उसके यहाँ बारी- बारी से हम दोनों भी प्रवेश कर जाते हैं . इसलिए इतना याद रखना कि जहाँ प्रेम है वहां धन और सफलता की कमी नहीं होती ।", ऐसा कहते हुए धन और सफलता नामक साधुओं ने अपनी बात पूर्ण की .

23

पाठ :23 भागो धरती फट रही है !! - प्रेरणादायक कहानियां

• पाठ :23 भागो धरती फट रही है !! - प्रेरणादायक कहानियां

बहुत समय पहले की बात है किसी जंगल में एक गधा बरगद के पेड़ के नीचे लेट कर आराम कर रहा था .

लेटे-लेटे उसके मन में बुरे ख़याल आने लगे , उसने सोचा ," यदि धरती फट गयी तो मेरा क्या होगा ?" अभी उसने ऐसा सोचा ही था कि उसे एक जोर के धमाके की आवाज़ आयी. वह भयभीत हो उठा और चीखने लगा " भागो-भागो धरती फट रही है , अपनी जान बचाओ.....” और ऐसा कहते हुए वह पागलों की तरह एक दिशा में भागने लगा.

उसे इस कदर भागता देखते हुए एक अन्य गधे ने उससे पूछा , " अरे क्या हुआ भाई , तुम इस तरह बदहवास भागे क्यों जा रहे हो ?"

" अरे तुम भी भागो...अपनी जान बचाओ, धरती फट रही है...", ऐसा चीखते हुए वह भागता रहा .

यह सुन कर दूसरा गधा भी डर गया और उसके साथ भागने लगा. अब तो वह दोनों एक साथ चिल्ला रहे थे- " भागो-भागो धरती फट रही है ...भागो-भागो ...."

देखते-देखते सैकड़ों गधे इस बात को दोहराते हुए उसी दिशा में भागने लगे.

गधों को इस तरह भागता देख , अन्य जानवर भी डर गए. धरती फटने की खबर जंगल में लगी आग की तरह फैलने लगी , और जल्द ही सबको पता चल गया की धरती फट रही है. चारो तरफ जानवरों की चीख-पुकार मच गयी , सांप, बिच्छु , सीयार , लोमड , हाथी , घोड़े ..सभी उस झुण्ड में शामिल हो भागने लगे.

जंगल में फैले इसे हो-हल्ले को सुन अपनी गुफा में विश्राम कर रहा जंगल का रजा शेर बाहर निकला , उसे अपनी आँखों पर यकीन नहीं हुआ कि सारे जानवर एक ही दिशा में भागे जा रहे हैं.वह उछल कर सबके सामने आया और गूंजती हुई दहाड़ के साथ बोला , " ये क्या पागलपन है ? कहाँ भागे जा रहे हो तुम सब ??"

" महाराज , धरती फट रही है !! , आप भी अपनी जान बचाइए. ", झुण्ड में आगे खड़ा बन्दर बोला.

" किसने कहा ये सब ?", शेर ने प्रश्न किया

सब एक दूसरे का मुंह देखने लगे , फिर बन्दर बोला ," मुझे तो ये बात चीते ने बतायी थी."

चीते ने कहा , " मैंने तो ये पक्षियों से सुना था ." और ऐसे करते करते पता चला कि ये बात सबसे पहले गधे ने बताई थी.

गधे को महाराज के सामने बुलाया गया .

" तुम्हे कैसे पता चला कि धरती फट रही है ?", शेर ने गुस्से से पूछा.

"ममममम मैंने अपने कानो से धरती के फटने की आवाज़ सुनी महाराज !!", गधे ने डरते हुए उत्तर दिया

" ठीक है चलो , मुझे उस जगह ले चलो और दिखाओ कि धरती फट रही है.", ऐसा कहते हुए शेर गधे को उस तरफ ढकेलता हुआ ले जाने लगा. बाकी जानवर भी उनके पीछे हो लिए और डर-डर कर उस और बढ़ने लगे .बरगद के पास पहुच कर गधा बोला ," हुज़ूर , मैं यहीं सो रहा था कि तभी जोर से धरती फटने की आवाज़ आई, मैंने खुद उडती हुई धूल देखी और भागने लगा "

शेर ने आस पास जा कर देखा और सारा मामला समझ गया . उसने सभी को संबोधित करते हुए बोला ," ये गधा महामूर्ख है , दरअसल पास ही नारियल का एक ऊँचा पेड़ है , और तेज हवा चलने से उस पर लगा एक बड़ा सा नारियल नीचे पत्थर पर गिर पड़ा , पत्थर सरकने से आस-पास धूल उड़ने लगी और ये गधा ना जाने कैसे इसे धरती फटने की बात समझ बैठा ."

शेर ने बोलना जारी रखा ," पर भाइयों ये तो गधा है , पर क्या आपके पास भी अपना दिमाग नहीं है , जाइए ,अपने घर जाइये और आइन्दा से किसी अफवाह पर यकीन करने से पहले दस बार सोचियेगा."

24

पाठ : 24 दर्जी की सीख
- प्रेरणादायक कहानियां

- पाठ : 24 दर्जी की सीख - प्रेरणादायक कहानियां

एक दिन स्कूल में छुट्टी की घोषणा होने के कारण, एक दर्जी का बेटा, अपने पापा की दुकान

पर चला गया ।वहाँ जाकर वह बड़े ध्यान से अपने पापा को काम करते हुए देखने लगा । उसने देखा कि उसके पापा कैंची से कपड़े को काटते हैं और कैंची को पैर के पास टांग से दबा कर रख देते हैं । फिर सुई से उसको सीते हैं और सीने के बाद सु ई को अपनी टोपी पर लगा लेते हैं । जब उसने इसी क्रिया को चार-पाँच बार देखा तो उससे रहा नहीं गया, तो उसने अपने पापा से कहा कि वह एक बात उनसे पूछना चाहता है ?

पापा ने कहा- बेटा बोलो क्या पूछना चाहते हो ? बेटा बोला- पापा मैं बड़ी देर से आपको देख रहा हूं , आप जब भी कपड़ा काटते हैं, उसके बाद कैंची को पैर के नीचे दबा देते हैं, और सुई से कपड़ा सीने के बाद, उसे टोपी पर लगा लेते हैं, ऐसा क्यों ? इसका जो उत्तर पापा ने दिया- उन दो पंक्तियाँ में मानों उसने ज़िन्दगी का सार समझा दिया ।

उत्तर था- " बेटा, कैंची काटने का काम करती है, और सुई जोड़ने का काम करती है, और काटने वाले की जगह हमेशा नीची होती है परन्तु जोड़ने वाले की जगह हमेशा ऊपर होती है । यही कारण है कि मैं सुई को टोपी पर लगाता हूं और कैंची को पैर के नीचे रखता हूं ।"

25

पाठ : 25 स्वामी जी का उपदेश - प्रेरणादायक कहानियां

- पाठ : 25 स्वामी जी का उपदेश - प्रेरणादायक कहानियां

एक बार समर्थ स्वामी रामदासजी भिक्षा माँगते हुए एक घर के सामने खड़े हुए और उन्होंने आवाज लगायी- "जय जय रघुवीर समर्थ !" घर से महिला बाहर आयी। उसने उनकी झोलीमे भिक्षा डाली और कहा, "महात्माजी, कोई उपदेश दीजिए !"

स्वामीजी बोले, "आज नहीं, कल दूँगा।"

दूसरे दिन स्वामीजी ने पुन: उस घर के सामने आवाज दी – "जय जय रघुवीर समर्थ !"उस घर की स्त्रीने उस दिन खीर बनायीं थी, जिसमे बादाम-पिस्ते भी डाले थे।वह खीर का कटोरा लेकर बाहर आयी। स्वामीजीने अपना कमंडल आगे कर दिया। वह स्त्री जब खीर डालने लगी, तो उसने देखा कि कमंडल में गोबर और कूड़ा भरा पड़ा है। उसके हाथ ठिठक गए। वह बोली, "महाराज ! यह कमंडल तो गन्दा है।"

स्वामीजी बोले, "हाँ, गन्दा तो है, किन्तु खीर इसमें डाल दो।" स्त्री बोली, "नहीं महाराज, तब तो खीर ख़राब हो जायेगी। दीजिये यह कमंडल, में इसे शुद्ध कर लाती हूँ।"

स्वामीजी बोले, मतलब जब यह कमंडल साफ़ हो जायेगा, तभी खीर डालोगी न ?"

स्त्री ने कहा : "जी महाराज !"

स्वामीजी बोले, "मेरा भी यही उपदेश है। मन में जब तक चिन्ताओ का कूड़ा-कचरा और बुरे संस्करो का गोबर भरा है, तब तक उपदेशामृत का कोई लाभ न होगा। यदि उपदेशामृत पान करना है, तो प्रथम अपने मन को शुद्ध करना चाहिए, कुसंस्कारो का त्याग करना चाहिए, तभी सच्चे सुख और आनन्द की प्राप्ति होगी।"

26

पाठ : 26 कद्दू की तीर्थयात्रा - प्रेरणादायक कहानियां

• पाठ : 26 कद्दू की तीर्थयात्रा - प्रेरणादायक कहानियां

हमारे यहाँ तीर्थ यात्रा का बहुत ही महत्त्व है। पहले के समय यात्रा में जाना बहुत कठिन था। पैदल या तो बैल गाड़ी में यात्रा की जाती थी। थोड़े थोड़े अंतर पे रुकना होता था। विविध प्रकार के लोगो से मिलना होता था, समाज का दर्शन होता था। विविध बोली और विविध रीति-रीवाज से परिचय होता था। कंई कठिनाईओ से गुजरना पड़ता, कंई अनुभव भी प्राप्त होते थे।

एकबार तीर्थ यात्रा पे जानेवाले लोगो का संघ संत तुकाराम जी के पास जाकर उनके साथ चलनेकी प्रार्थना की। तुकारामजी ने अपनी असमर्थता बताई। उन्होंने तीर्थयात्रियो को एक कड़वा कद्दू देते हुए कहा : "मैं तो आप लोगो के साथ आ नहीं सकता लेकिन आप इस कद्दू को साथ ले जाईए और जहाँ – जहाँ भी स्नान करे, इसे भी पवित्र जल में स्नान करा लाये।"

लोगो ने उनके गूढार्थ पे गौर किये बिना ही वह कद्दू ले लिया और जहाँ – जहाँ गए, स्नान किया वहाँ – वहाँ स्नान करवाया; मंदिर में जाकर दर्शन किया तो उसे भी दर्शन करवाया। ऐसे यात्रा पूरी होते सब वापस आए और उन लोगो ने वह कद्दू संतजी को दिया। तुकारामजी ने सभी यात्रिओ को प्रीतिभोज पर आमंत्रित किया। तीर्थयात्रियो को विविध पकवान परोसे गए। तीर्थ में घूमकर आये हुए कद्दूकी सब्जी विशेष रूपसे बनवायी गयी थी। सभी यात्रिओ ने खाना शुरू किया और सबने कहा कि "यह सब्जी कड़वी है।" तुकारामजी ने आश्चर्य बताते कहा कि "यह तो उसी कद्दू से बनी है, जो तीर्थ स्नान कर आया है। बेशक यह तीर्थाटन के पूर्व कड़वा था, मगर तीर्थ दर्शन तथा स्नान के बाद भी इसी में कड़वाहट है

!"

यह सुन सभी यात्रिओं को बोध हो गया कि 'हमने तीर्थाटन किया है लेकिन अपने मन को एवं स्वभाव को सुधारा नहीं तो तीर्थयात्रा का अधिक मूल्य नहीं है। हम भी एक कड़वे कद्दू जैसे कड़वे रहकर वापस आये है।'

27

पाठ : 27 मकड़ी, चींटी और जाला - प्रेरणादायक कहानियां

• पाठ : 27 मकड़ी, चींटी और जाला - प्रेरणादायक कहानियां

एक मकड़ी थी. उसने आराम से रहने के लिए एक शानदार जाला बनाने का विचार किया और सोचा की इस जाले मे खूब कीड़े, मक्खियाँ फसेंगी और मै उसे आहार बनाउंगी और मजे से रहूंगी . उसने कमरे के एक कोने को पसंद किया और वहाँ जाला बुनना शुरू किया. कुछ देर बाद आधा जाला बुन कर तैयार हो गया. यह देखकर वह मकड़ी काफी खुश हुई कि तभी अचानक उसकी नजर एक बिल्ली पर पड़ी जो उसे देखकर हँस रही थी.

मकड़ी को गुस्सा आ गया और वह बिल्ली से बोली , " हँस क्यो रही हो?"

"हँसू नही तो क्या करू.", बिल्ली ने जवाब दिया , " यहाँ मक्खियाँ नही है ये जगह तो बिलकुल साफ सुथरी है, यहाँ कौन आयेगा तेरे जाले मे."

ये बात मकड़ी के गले उतर गई. उसने अच्छी सलाह के लिये बिल्ली को धन्यवाद दिया और जाला अधूरा छोड़कर दूसरी जगह तलाश करने लगी. उसने ईधर ऊधर देखा. उसे एक खिड़की नजर आयी और फिर उसमे जाला बुनना शुरू किया कुछ देर तक वह जाला बुनती रही , तभी एक चिड़िया आयी और मकड़ी का मजाक उड़ाते हुए बोली , " अरे मकड़ी , तू भी कितनी बेवकूफ है."

"क्यो ?", मकड़ी ने पूछा.

चिड़िया उसे समझाने लगी , " अरे यहां तो खिड़की से तेज हवा आती है. यहा तो तू अपने जाले के साथ ही उड़ जायेगी."

मकड़ी को चिड़िया की बात ठीक लगीं और वह वहाँ भी जाला अधूरा बना छोड़कर सोचने लगी अब कहाँ जाला बनायाँ जाये. समय काफी बीत चूका था और अब उसे भूख भी लगने लगी थी .अब उसे एक आलमारी का खुला दरवाजा दिखा और उसने उसी मे अपना जाला बुनना शुरू किया. कुछ जाला बुना ही था तभी उसे एक काक्रोच नजर आया जो जाले को अचरज भरे नजरो से देख रहा था.

मकड़ी ने पूछा – 'इस तरह क्यो देख रहे हो?'

काक्रोच बोला-," अरे यहाँ कहाँ जाला बुनने चली आयी ये तो बेकार की आलमारी है. अभी ये यहाँ पड़ी है कुछ दिनों बाद इसे बेच दिया जायेगा और तुम्हारी सारी मेहनत बेकार चली जायेगी. यह सुन कर मकड़ी ने वहां से हट जाना ही बेहतर समझा .

बार-बार प्रयास करने से वह काफी थक चुकी थी और उसके अंदर जाला बुनने की ताकत ही नही बची थी. भूख की वजह से वह परेशान थी. उसे पछतावा हो रहा था कि अगर पहले ही जाला बुन लेती तो अच्छा रहता. पर अब वह कुछ नहीं कर सकती थी उसी हालत मे पड़ी रही.

जब मकड़ी को लगा कि अब कुछ नहीं हो सकता है तो उसने पास से गुजर रही चींटी से मदद करने का आग्रह किया .

चींटी बोली, " मैं बहुत देर से तुम्हे देख रही थी , तुम बार- बार अपना काम शुरू करती और दूसरों के कहने पर उसे अधूरा छोड़ देती . और जो लोग ऐसा करते हैं , उनकी यही हालत होती है." और ऐसा कहते हुए वह अपने रास्ते चली गई और मकड़ी पछताती हुई निढाल पड़ी रही.

28

पाठ : 28 मंदबुद्धि - प्रेरणादायक कहानियां

विद्यालय में सब उसे मंदबुद्धि कहते थे । उसके गुरुजन भी उससे नाराज रहते थे क्योंकि वह पढ़ने में बहुत कमजोर था और उसकी बुद्धि का स्तर औसत से भी कम था।

कक्षा में उसका प्रदर्शन हमेशा ही खराब रहता था । और बच्चे उसका मजाक उड़ाने से कभी नहीं चूकते थे । पढ़ने जाना तो मानो एक सजा के समान हो गया था , वह जैसे ही कक्षा में घुसता और बच्चे उस पर हंसने लगते , कोई उसे महामूर्ख तो कोई उसे बैलों का राजा कहता , यहाँ तक की कुछ अध्यापक भी उसका मजाक उड़ाने से बाज नहीं आते । इन सबसे परेशान होकर उसने स्कूल जाना ही छोड़ दिया ।

अब वह दिन भर इधर-उधर भटकता और अपना समय बर्वाद करता । एक दिन इसी तरह कहीं से जा रहा था , घूमते – घूमते उसे प्यास लग गयी । वह इधर-उधर पानी खोजने लगा। अंत में उसे एक कुआं दिखाई दिया। वह वहां गया और कुएं से पानी खींच कर अपनी प्यास बुझाई। अब वह काफी थक चुका था, इसलिए पानी पीने के बाद वहीं बैठ गया। तभी उसकी नज़र पत्थर पर पड़े उस निशान पर गई जिस पर बार-बार कुएं से पानी खींचने की वजह से रस्सी का निशाँ बन गया था ।

वह मन ही मन सोचने लगा कि जब बार-बार पानी खींचने से इतने कठोर पत्थर पर भी रस्सी का निशान पड़ सकता है तो लगातार मेहनत करने से मुझे भी विद्या आ सकती है। उसने यह बात मन में बैठा ली और फिर से विद्यालय जाना शुरू कर दिया। कुछ दिन तक लोग उसी तरह उसका मजाक उड़ाते रहे पर धीरे-धीरे उसकी लगन देखकर अध्यापकों ने भी उसे सहयोग करना शुरू कर दिया । उसने मन लगाकर अथक परिश्रम किया। कुछ सालों बाद यही विद्यार्थी प्रकांड विद्वान वरदराज के रूप में विख्यात हुआ, जिसने संस्कृत

में मुग्धबोध और लघुसिद्धांत कौमुदी जैसे ग्रंथों की रचना की। "

में मुग्धबोध और लघुसिद्धांत कौमुदी जैसे ग्रंथों की रचना की। "

29

पाठ : 29 साधु की सीख - प्रेरणादायक कहानियां

- पाठ : 29 साधु की सीख - प्रेरणादायक कहानियां

किसी गाँव मे एक साधु रहा करता था ,वो जब भी नाचता तो बारिस होती थी . अतः गाव के लोगों को जब भी बारिस की जरूरत होती थी ,तो वे लोग साधु के पास जाते और उनसे अनुरोध करते की वे नाचे , और जब वो नाचने लगता तो बारिस ज़रूर होती.कुछ दिनों बाद चार लड़के शहर से गाँव में घूमने आये, जब उन्हें यह बात मालूम हुई की किसी साधू के नाचने से बारिस होती है तो उन्हें यकीन नहीं हुआ .

शहरी पढाई लिखाई के घमंड में उन्होंने गाँव वालों को चुनौती दे दी कि हम भी नाचेंगे तो बारिस होगी और अगर हमारे नाचने से नहीं हुई तो उस साधु के नाचने से भी नहीं होगी.फिर क्या था अगले दिन सुबह-सुबह ही गाँव वाले उन लड़कों को लेकर साधु की कुटिया पर पहुंचे.

साधु को सारी बात बताई गयी , फिर लड़कों ने नाचना शुरू किया , आधे घंटे बीते और पहला लड़का थक कर बैठ गया पर बादल नहीं दिखे , कुछ देर में दूसरे ने भी यही किया और एक घंटा बीतते-बीतते बाकी दोनों लड़के भी थक कर बैठ गए, पर बारिश नहीं हुई.

अब साधु की बारी थी , उसने नाचना शुरू किया, एक घंटा बीता, बारिश नहीं हुई, साधु नाचता रहा ...दो घंटा बीता बारिश नहीं हुई....पर साधु तो रुकने का नाम ही नहीं ले रहा था ,धीरे-धीरे शाम ढलने लगी कि तभी बादलों की गड़गड़ाहत सुनाई दी और ज़ोरों की बारिस होने लगी . लड़के दंग रह गए

और तुरंत साधु से क्षमा मांगी और पूछा-

" बाबा भला ऐसा क्यों हुआ कि हमारे नाचने से बारिस नहीं हुई और आपके नाचने से हो गयी ?"

साधु ने उत्तर दिया – " जब मैं नाचता हूँ तो दो बातों का ध्यान रखता हूँ , पहली बात मैं ये सोचता हूँ कि अगर मैं नाचूँगा तो बारिस को होना ही पड़ेगा और दूसरी ये कि मैं तब तक नाचूँगा जब तक कि बारिस न हो जाये ."

30

पाठ : 30 सन्यासी की जड़ी-बूटी - प्रेरणादायक कहानियां

- पाठ : 30 सन्यासी की जड़ी-बूटी - प्रेरणादायक कहानियां

बहुत समय पहले की बात है , एक वृद्ध सन्यासी हिमालय की पहाड़ियों में कहीं रहता था. वह बड़ा ज्ञानी था और उसकी बुद्धिमत्ता की ख्याति दूर -दूर तक फैली थी. एक दिन एक औरत उसके पास पहुंची और अपना दुखड़ा रोने लगी , " बाबा, मेरा पति मुझसे बहुत प्रेम करता था , लेकिन वह जबसे युद्ध से लौटा है ठीक से बात तक नहीं करता ."

" युद्ध लोगों के साथ ऐसा ही करता है.", सन्यासी बोला.

" लोग कहते हैं कि आपकी दी हुई जड़ी-बूटी इंसान में फिर से प्रेम उत्पन्न कर सकती है , कृपया आप मुझे वो जड़ी-बूटी दे दें.", महिला ने विनती की.

सन्यासी ने कुछ सोचा और फिर बोला ," देवी मैं तुम्हे वह जड़ी-बूटी ज़रूर दे देता लेकिन उसे बनाने के लिए एक ऐसी चीज चाहिए जो मेरे पास नहीं है ."

" आपको क्या चाहिए मुझे बताइए मैं लेकर आउंगी .", महिला बोली.

" मुझे बाघ की मूंछ का एक बाल चाहिए .", सन्यासी बोला.

अगले ही दिन महिला बाघ की तलाश में जंगल में निकल पड़ी , बहुत खोजने के बाद उसे नदी के किनारे एक बाघ दिखा , बाघ उसे देखते ही दहाड़ा , महिला सहम गयी और तेजी से वापस चली गयी.

अगले कुछ दिनों तक यही हुआ , महिला हिम्मत कर के उस बाघ के पास पहुँचती और डर कर वापस चली जाती. महीना बीतते-बीतते बाघ को महिला की मौजूदगी की आदत पड़ गयी, और अब वह उसे देख कर सामान्य ही रहता. अब तो महिला बाघ के लिए मांस भी

लाने लगी , और बाघ बड़े चाव से उसे खाता. उनकी दोस्ती बढ़ने लाफि और अब महिला बाघ को थपथपाने भी लगी. और देखते देखते एक दिन वो भी आ गया जब उसने हिम्मत दिखाते हुए बाघ की मूंछ का एक बाल भी निकाल लिया.

फिर क्या था , वह बिना देरी किये सन्यासी के पास पहुंची , और बोली

" मैं बाल ले आई बाबा ."

"बहुत अच्छे ." और ऐसा कहते हुए सन्यासी ने बाल को जलती हुई आग में फ़ेंक दिया

" अरे ये क्या बाबा , आप नहीं जानते इस बाल को लाने के लिए मैंने कितने प्रयत्न किये और आपने इसे जला दिया ......अब मेरी जड़ी-बूटी कैसे बनेगी ?" महिला घबराते हुए बोली.

" अब तुम्हे किसी जड़ी-बूटी की ज़रुरत नहीं है ." सन्यासी बोला . " जरा सोचो , तुमने बाघ को किस तरह अपने वश में किया....जब एक हिंसक पशु को धैर्य और प्रेम से जीता जा सकता है तो क्या एक इंसान को नहीं ? जाओ जिस तरह तुमने बाघ को अपना मित्र बना लिया उसी तरह अपने पति के अन्दर प्रेम भाव जागृत करो.

महिला सन्यासी की बात समझ गयी , अब उसे उसकी जड़ी-बूटी मिल चुकी थी.

31

पाठ : 31 किसान और चट्टान - प्रेरणादायक कहानियां

- पाठ : 31 किसान और चट्टान - प्रेरणादायक कहानियां

एक किसान था. वह एक बड़े से खेत में खेती किया करता था. उस खेत के बीचो-बीच पत्थर का एक हिस्सा ज़मीन से ऊपर निकला हुआ था जिससे ठोकर खाकर वह कई बार गिर चुका था और ना जाने कितनी ही बार उससे टकराकर खेती के औजार भी टूट चुके थे.

रोजाना की तरह आज भी वह सुबह-सुबह खेती करने पहुंचा पर जो सालों से होता आ रहा था एक वही हुआ , एक बार फिर किसान का हल पत्थर से टकराकर टूट गया.

किसान बिल्कुल क्रोधित हो उठा , और उसने मन ही मन सोचा की आज जो भी हो जाए वह इस चट्टान को ज़मीन से निकाल कर इस खेत के बाहर फ़ेंक देगा.

वह तुरंत भागा और गाँव से ४-५ लोगों को बुला लाया और सभी को लेकर वह उस पत्थर के पास पहुंचा .

" मित्रों ", किसान बोला , " ये देखो ज़मीन से निकले चट्टान के इस हिस्से ने मेरा बहुत नुक्सान किया है, और आज हम सभी को मिलकर इसे जड़ से निकालना है और खेत के बाहर फ़ेंक देना है."

और ऐसा कहते ही वह फावड़े से पत्थर के किनार वार करने लगा, पर ये क्या ! अभी उसने एक-दो बार ही मारा था की पूरा-का पूरा पत्थर ज़मीन से बाहर निकल आया. साथ खड़े लोग भी अचरज में पड़ गए और उन्ही में से एक ने हँसते हुए पूछा ," क्यों भाई , तुम तो कहते थे कि तुम्हारे खेत के बीच में एक बड़ी सी चट्टान दबी हुई है , पर ये तो एक मामूली सा पत्थर निकला ??"

किसान भी आश्चर्य में पड़ गया सालों से जिसे वह एक भारी-भरकम चट्टान समझ रहा था दरअसल वह बस एक छोटा सा पत्थर था !! उसे पछतावा हुआ कि काश उसने पहले ही इसे निकालने का प्रयास किया होता तो ना उसे इतना नुक्सान उठाना पड़ता और ना ही दोस्तों के सामने उसका मज़ाक बनता .

32

पाठ : 32 शेर और सियार - प्रेरणादायक कहानियां

- पाठ : 32 शेर और सियार - प्रेरणादायक कहानियां

बहुत समय पहले की बात है हिमालय के जंगलों में एक बहुत ताकतवर शेर रहता था . एक दिन उसने बारासिंघे का शिकार किया और खाने के बाद अपनी गुफा को लौटने लगा. अभी उसने चलना शुरू ही किया था कि एक सियार उसके सामने दंडवत करता हुआ उसके गुणगान करने लगा .

उसे देख शेर ने पूछा , " अरे ! तुम ये क्या कर रहे हो ?"

" हे जंगल के राजा, मैं आपका सेवक बन कर अपना जीवन धन्य करना चाहता हूँ, कृपया मुझे अपनी शरण में ले लीजिये और अपनी सेवा करने का अवसर प्रदान कीजिये ." , सियार बोला.

शेर जानता था कि सियार का असल मकसद उसके द्वारा छोड़ा गया शिकार खाना है पर उसने सोचा कि चलो इसके साथ रहने से मेरे क्या जाता है, नहीं कुछ तो छोटे-मोटे काम ही कर दिया करेगा. और उसने सियार को अपने साथ रहने की अनुमति दे दी.

उस दिन के बाद से जब भी शेर शिकार करता , सियार भी भर पेट भोजन करता. समय बीतता गया और रोज मांसाहार करने से सियार की ताकत भी बढ़ गयी , इसी घमंड में अब वह जंगल के बाकी जानवरों पर रौब भी झाड़ने लगा. और एक दिन तो उसने हद्द ही कर दी .

उसने शेर से कहा, " आज तुम आराम करो , शिकार मैं करूँगा और तुम मेरा छोड़ा हुआ मांस खाओगे."

शेर यह सुन बहुत क्रोधित हुआ, पर उसने अपने क्रोध पर काबू करते हुए सियार को सबक सिखाना चाहा.

शेर बोला ," यह तो बड़ी अच्छी बात है, आज मुझे भैंसा खाने का मन है , तुम उसी का शिकार करो !"

सियार तुरंत भैंसों के झुण्ड की तरफ निकल पड़ा , और दौड़ते हुए एक बड़े से भैंसे पर झपटा, भैंसा सतर्क था उसने तुरंत अपनी सींघ घुमाई और सियार को दूर झटक दिया. सियार की कमर टूट गयी और वह किसी तरह घिसटते हुए शेर के पास वापस पहुंचा .

" क्या हुआ ; भैंसा कहाँ है ? ", शेर बोला .

" हुज़ूर , मुझे क्षमा कीजिये ,मैं बहक गया था और खुद को आपके बराबर समझने लगा था ...", सियार गिडगिडाते हुए बोला.

"धूर्त , तेरे जैसे एहसानफरामोश का यही हस्र होता है, मैंने तेरे ऊपर दया कर के तुझे अपने साथ रखा और तू मेरे ऊपर ही धौंस जमाने लगा, " और ऐसा कहते हुए शेर ने अपने एक ही प्रहार से सियार को ढेर कर दिया.

33

पाठ : 33 पत्थर की कीमत - प्रेरणादायक कहानियां

- पाठ : 33 पत्थर की कीमत - प्रेरणादायक कहानियां

एक हीरा व्यापारी था जो हीरे का बहुत बड़ा विशेषज्ञ माना जाता था, किन्तु गंभीर बीमारी के चलते अल्प आयु में ही उसकी मृत्यु हो गयी . अपने पीछे वह अपनी पत्नी और बेटा छोड़ गया . जब बेटा बड़ा हुआ तो उसकी माँ ने कहा -

"बेटा , मरने से पहले तुम्हारे पिताजी ये पत्थर छोड़ गए थे , तुम इसे लेकर बाज़ार जाओ और इसकी कीमत का पता लगा, ध्यान रहे कि तुम्हे केवल कीमत पता करनी है , इसे बेचना नहीं है."

युवक पत्थर लेकर निकला, सबसे पहले उसे एक सब्जी बेचने वाली महिला मिली. " अम्मा, तुम इस पत्थर के बदले मुझे क्या दे सकती हो ?" , युवक ने पूछा.

" देना ही है तो दो गाजरों के बदले मुझे ये दे दो...तौलने के काम आएगा."- सब्जी वाली बोली.

युवक आगे बढ़ गया. इस बार वो एक दुकानदार के पास गया और उससे पत्थर की कीमत जानना चाही .

दुकानदार बोला ," इसके बदले मैं अधिक से अधिक 500 रूपये दे सकता हूँ..देना हो तो दो नहीं तो आगे बढ़ जाओ."

युवक इस बार एक सुनार के पास गया , सुनार ने पत्थर के बदले 20 हज़ार देने की बात की, फिर वह हीरे की एक प्रतिष्ठित दुकान पर गया वहां उसे पत्थर के बदले 1 लाख रूपये का प्रस्ताव मिला. और अंत में युवक शहर के सबसे बड़े हीरा विशेषज्ञ के पास पहुंचा और

बोला, " श्रीमान , कृपया इस पत्थर की कीमत बताने का कष्ट करें ."

विशेषज्ञ ने ध्यान से पत्थर का निरीक्षण किया और आश्चर्य से युवक की तरफ देखते हुए बोला ," यह तो एक अमूल्य हीरा है , करोड़ों रूपये देकर भी ऐसा हीरा मिलना मुश्किल है."

34

पाठ : 34 बुढ़िया की सुई - प्रेरणादायक कहानियाँ

- पाठ : 34 बुढ़िया की सुई - प्रेरणादायक कहानियां

एक बार किसी गाँव में एक बुढ़िया रात के अँधेरे में अपनी झोपडी के बहार कुछ खोज रही थी .तभी गाँव के ही एक व्यक्ति की नजर उस पर पड़ी , "अम्मा इतनी रात में रोड लाइट के नीचे क्या ढूंढ रही हो ?" , व्यक्ति ने पूछा.

" कुछ नहीं मेरी सुई गम हो गयी है बस वही खोज रही हूँ .", बुढ़िया ने उत्तर दिया.

फिर क्या था, वो व्यक्ति भी महिला की मदद करने के लिए रुक गया और साथ में सुई खोजने लगा. कुछ देर में और भी लोग इस खोज अभियान में शामिल हो गए और देखते-देखते लगभग पूरा गाँव ही इकठ्ठा हो गया.

सभी बड़े ध्यान से सुई खोजने में लगे हुए थे कि तभी किसी ने बुढ़िया से पूछा ," अरे अम्मा ! ज़रा ये तो बताओ कि सुई गिरी कहाँ थी?"

" बेटा , सुई तो झोपड़ी के अन्दर गिरी थी .", बुढ़िया ने ज़वाब दिया .

ये सुनते ही सभी बड़े क्रोधित हो गए और भीड़ में से किसी ने ऊँची आवाज में कहा , " कमाल करती हो अम्मा ,हम इतनी देर से सुई यहाँ ढूंढ रहे हैं जबकि सुई अन्दर झोपड़े में गिरी थी , आखिर सुई वहां खोजने की बजाये यहाँ बाहर क्यों खोज रही हो ?"

" क्योंकि रोड पर लाइट जल रही है...इसलिए .", बुढ़िया बोली.

35

पाठ : 35 मजदूर के जूते - प्रेरणादायक कहानियाँ

- पाठ : 35 मजदूर के जूते - प्रेरणादायक कहानियां

एक बार एक शिक्षक संपन्न परिवार से सम्बन्ध रखने वाले एक युवा शिष्य के साथ कहीं टहलने निकले . उन्होंने देखा की रास्ते में पुराने हो चुके एक जोड़ी जूते उतरे पड़े हैं , जो संभवतः पास के खेत में काम कर रहे गरीब मजदूर के थे जो अब अपना काम ख़त्म कर घर वापस जाने की तयारी कर रहा था .

शिष्य को मजाक सझा उसने शिक्षक से कहा , " गुरु जी क्यों न हम ये जूते कहीं छिपा कर झाड़ियों के पीछे छिप जाएं ; जब वो मजदूर इन्हें यहाँ नहीं पाकर घबराएगा तो बड़ा मजा आएगा !!"

शिक्षक गंभीरता से बोले , " किसी गरीब के साथ इस तरह का भद्दा मजाक करना ठीक नहीं है . क्यों ना हम इन जूतों में कुछ सिक्के डाल दें और छिप कर देखें की इसका मजदूर पर क्या प्रभाव पड़ता है !!"

शिष्य ने ऐसा ही किया और दोनों पास की झाड़ियों में छुप गए .

मजदूर जल्द ही अपना काम ख़त्म कर जूतों की जगह पर आ गया . उसने जैसे ही एक पैर जूते में डाले उसे किसी कठोर चीज का आभास हुआ , उसने जल्दी से जूते हाथ में लिए और देखा की अन्दर कुछ सिक्के पड़े थे , उसे बड़ा आश्चर्य हुआ और वो सिक्के हाथ में लेकर बड़े गौर से उन्हें पलट -पलट कर देखने लगा .

फिर उसने इधर -उधर देखने लगा , दूर -दूर तक कोई नज़र नहीं आया तो उसने सिक्के अपनी जेब में डाल लिए . अब उसने दूसरा जूता उठाया , उसमे भी सिक्के पड़े थे ...मजदूर भावविभोर हो गया , उसकी आँखों में आंसू आ गए , उसने हाथ जोड़ ऊपर देखते हुए कहा – "हे भगवान् , समय पर प्राप्त इस सहायता के लिए उस अनजान सहायक का लाख -लाख

धन्यवाद , उसकी सहायता और दयालुता के कारण आज मेरी बीमार पत्नी को दावा और भूखें बच्चों को रोटी मिल सकेगी .”

मजदूर की बातें सुन शिष्य की आँखें भर आयीं . शिक्षक ने शिष्य से कहा – “ क्या तुम्हारी मजाक वाली बात की अपेक्षा जूते में सिक्का डालने से तुम्हे कम ख़ुशी मिली ?”

शिष्य बोला , “ आपने आज मुझे जो पाठ पढाया है , उसे मैं जीवन भर नहीं भूलूंगा . आज मैं उन शब्दों का मतलब समझ गया हूँ जिन्हें मैं पहले कभी नहीं समझ पाया था कि लेने की अपेक्षा देना कहीं अधिक आनंददायी है . देने का आनंद असीम है . देना देवत है .”

36

पाठ : 36 महानता के बीज - प्रेरणादायक कहानियां

- पाठ : 36 महानता के बीज - प्रेरणादायक कहानियां

यूनान देश के एक गाँव का लड़का जंगल में लकड़ियाँ काट के शाम को पास वाले शहर के बाजार मे बेचकर अपना गुजारा करता था. एक दिन एक विद्वान व्यक्ति बाजार से जा रहा था. उसने देखा कि उस बालक का गट्ठर बहुत ही कलात्मक रूप से बंधा हुआ है.

उसने उस लड़के से पूछा- "क्या यह गट्ठर तुमने बांधा है?"

लड़के ने जवाब दिया : "जी हाँ, मै दिनभर लकड़ी काटता हूँ, स्वयं गट्ठर बांधता हूँ और रोज शामको गट्ठर बाजार मे बेचता हूँ."

उस व्यक्ति ने कहा कि "क्या तुम इसे खोलकर इसी प्रकार दुबारा बांध सकते हो?"

"जी हाँ, यह देखिए" – इतना कहते हुए लड़के ने गट्ठर खोला तथा बड़े ही सुन्दर तरीके से पुन: उसे बांध दिया. यह कार्य वह बड़े ध्यान, लगन और फूर्ती के साथ कर रहा था.

लड़के की एकाग्रता, लगन तथा कलात्मक रीति से काम करने का तरीका देख उस व्यक्ति ने कहा "क्या तुम मेरे साथ चलोगे ? मै तुम्हे शिक्षा दिलाऊंगा और तुम्हारा सारा व्यय वहन करूँगा."

बालक ने सोच-विचार कर अपनी स्वीकृति दे दी और उसके साथ चला गया. उस व्यक्तिने बालक के रहने और उसकी शिक्षाका प्रबंध किया. वह स्वयं भी उसे पढ़ाता था.थोड़े ही समय में उस बालकने अपनी लगन तथा कुशाग्र बुद्धि के बल पर उच्च शिक्षा आत्मसात कर ली. बड़ा होने पर यही बालक युनान के महान दार्शनिक पाइथागोरस के नामसे प्रसिद्द हुआ.

वह भला आदमी जिसने बालक की भीतर पड़ी महानता के बीज को पहचान कर उसे पल्लवित किया , वह था, वह था यूनान का विख्यात तत्व ज्ञानी डेमोक्रीट्स .

37

पाठ : 37 आम का पेड़ - प्रेरणादायक कहानियां

- पाठ : 37 आम का पेड़ - प्रेरणादायक कहानियां

कुंतालपुर का राजा बड़ा ही न्याय प्रिय था| वह अपनी प्रजा के दुख-दर्द में बराबर काम आता था| प्रजा भी उसका बहुत आदर करती थी| एक दिन राजा गुप्त वेष में अपने राज्य में घूमने निकला तब रास्ते में देखता है कि एक वृद्ध एक छोटा सा पौधा रोप रहा है|

राजा कौतूहलवश उसके पास गया और बोला, "यह आप किस चीज का पौधा लगा रहे हैं ?" वृद्ध ने धीमें स्वर में कहा, "आम का|"

राजा ने हिसाब लगाया कि उसके बड़े होने और उस पर फल आने में कितना समय लगेगा| हिसाब लगाकर उसने अचरज से वृद्ध की ओर देखा और कहा, "सुनो दादा इस पौधे के बड़े होने और उस पर फल आने मे कई साल लग जाएंगे, तब तक तुम क्या जीवित रहोगे?" वृद्ध ने राजा की ओर देखा| राजा की आँखों में मायूसी

थी| उसे लग रहा था कि वह वृद्ध ऐसा काम कर रहा है, जिसका फल उसे नहीं मिलेगा|

यह देखकर वृद्ध ने कहा, "आप सोच रहें होंगे कि मैं पागलपन का काम कर रहा हूँ| जिस चीज से आदमी को फायदा नहीं पहुँचता, उस पर मेहनत करना बेकार है, लेकिन यह भी तो सोचिए कि इस बूढ़े ने दूसरों की मेहनत का कितना फायदा उठाया है ? दूसरों के लगाए पेड़ों के कितने फल अपनी जिंदगी में खाए हैं ? क्या

उस कर्ज को उतारने के लिए मुझे कुछ नहीं करना चाहिए? क्या मुझे इस भावना से पेड़ नहीं लगाने चाहिए कि उनके फल दूसरे लोग खा सकें? जो केवल अपने लाभ के लिए ही काम करता है, वह तो स्वार्थी वृत्ति का मनुष्य होता है|"

वृद्ध की यह दलील सुनकर राजा प्रसन्न हो गया , आज उसे भी कुछ बड़ा सीखने को मिला था.

38

पाठ : 38 किसान की घड़ी - प्रेरणादायक कहानियां

एक बार एक किसान की घड़ी कहीं खो गयी. वैसे तो घड़ी कीमती नहीं थी पर किसान उससे भावनात्मक रूप से जुड़ा हुआ था और किसी भी तरह उसे वापस पाना चाहता था.

उसने खुद भी घड़ी खोजने का बहुत प्रयास किया, कभी कमरे में खोजता तो कभी बाड़े तो कभी अनाज के ढेर में ....पर तामाम कोशिशों के बाद भी घड़ी नहीं मिली. उसने निश्चय किया की वो इस काम में बच्चों की मदद लेगा और उसने आवाज लगाई , ” सुनो बच्चों , तुममे से जो कोई भी मेरी खोई घड़ी खोज देगा उसे मैं १०० रुपये इनाम में दूंगा.”फिर क्या था , सभी बच्चे जोर-शोर दे इस काम में लगा गए...वे हर जगह की ख़ाक छानने लगे , ऊपर-नीचे , बाहर, आँगन में ..हर जगह...पर घंटो बीत जाने पर भी घड़ी नहीं मिली.

अब लगभग सभी बच्चे हार मान चुके थे और किसान को भी यही लगा की घड़ी नहीं मिलेगी, तभी एक लड़का उसके पास आया और बोला , ” काका मुझे एक मौका और दीजिये, पर इस बार मैं ये काम अकेले ही करना चाहूँगा.”किसान का क्या जा रहा था, उसे तो घड़ी चाहिए थी, उसने तुरंत हाँ कर दी.

लड़का एक-एक कर के घर के कमरों में जाने लगा...और जब वह किसान के शयन कक्ष से निकला तो घड़ी उसके हाथ में थी.किसान घड़ी देख प्रसन्न हो गया और अचरज से पूछा ,” बेटा, कहाँ थी ये घड़ी , और जहाँ हम सभी असफल हो गए तुमने इसे कैसे ढूंढ निकाला ?”

लड़का बोला,” काका मैंने कुछ नहीं किया बस मैं कमरे में गया और चुप-चाप बैठ गया, और घड़ी की आवाज़ पर ध्यान केन्द्रित करने लगा , कमरे में शांति होने के कारण मुझे घड़ी की टिक-टिक सुनाई दे गयी , जिससे मैंने उसकी दिशा का अंदाजा लगा लिया और आलमारी के पीछे गिरी ये घड़ी खोज निकाली.”

39

पाठ : 39 अच्छे लोग बुरे लोग ! - प्रेरणादायक कहानियां

• पाठ : 39 अच्छे लोग बुरे लोग ! - प्रेरणादायक कहानियां

बहुत समय पहले की बात है. एक बार एक गुरु जी गंगा किनारे स्थित किसी गाँव में अपने शिष्यों के साथ स्नान कर रहे थे .तभी एक राहगीर आया और उनसे पूछा , " महाराज, इस गाँव में कैसे लोग रहते हैं, दरअसल मैं अपने मौजूदा निवास स्थान से कहीं और जाना चाहता हूँ ?"

गुरु जी बोले, " जहाँ तुम अभी रहते हो वहां किस प्रकार के लोग रहते हैं ?"

" मत पूछिए महाराज , वहां तो एक से एक कपटी, दुष्ट और बुरे लोग बसे हुए हैं.", राहगीर बोला.

गुरु जी बोले, " इस गाँव में भी बिलकुल उसी तरह के लोग रहते हैं...कपटी, दुष्ट, बुरे..." और इतना सुनकर राहगीर आगे बढ़ गया.कुछ समय बाद एक दूसरा राहगीर वहां से गुजरा. उसने भी गुरु जी से वही प्रश्न पूछा , "मुझे किसी नयी जगह जाना है, क्या आप बता सकते हैं कि इस गाँव में कैसे लोग रहते हैं ?"

" जहाँ तुम अभी निवास करते हो वहां किस प्रकार के लोग रहते हैं?", गुरु जी ने इस राहगीर से भी वही प्रश्न पूछा.

" जी वहां तो बड़े सभ्य , सुलझे और अच्छे लोग रहते हैं.", राहगीर बोला.

" तुम्हे बिलकुल उसी प्रकार के लोग यहाँ भी मिलेंगे...सभ्य, सुलझे और अच्छे ....", गुरु जी ने अपनी बात पूर्ण की और दैनिक कार्यों में लग गए. पर उनके शिष्य ये सब देख रहे थे और राहगीर के जाते ही उन्होंने पूछा , " क्षमा कीजियेगा गुरु जी पर आपने दोनों राहगीरों

को एक ही स्थान के बारे में अलग-अलग बातें क्यों बतायी.

गुरु जी गंभीरता से बोले, " शिष्यों आमतौर पर हम चीजों को वैसे नहीं दखते जैसी वे हैं, बल्कि उन्हें हम ऐसे देखते हैं जैसे कि हम खुद हैं. हर जगह हर प्रकार के लोग होते हैं यह हम पर निर्भर करता है कि हम किस तरह के लोगों को देखना चाहते हैं."

शिष्य उनके बात समझ चुके थे और आगे से उन्होंने जीवन में सिर्फ अच्छाइयों पर ही ध्यान केन्द्रित करने का निश्चय किया.

40